KB049894

# 우리는 맞고

# 너희는 틀렸다

Know It All Society: Truth and Arrogance in Political Culture

# 우리는 맞고

# Know It All

# Society

# 너희는 틀렸다

똑똑한 사람들은 왜 민주주의에 해로운가

마이클 린치 지음 | 성원 옮김

메디치

**일러두기**

· 본문 가운데 독자의 이해를 돕기 위해 옮긴이가 설명을 추가한 부분은 대괄호([ ])로
  표시했습니다. 나머지는 모두 저자의 것입니다.
· 원서에 등장하며 이 책의 핵심 개념이기도 한 'truth'는 엄밀한 철학적 의미로는 '진리'
  를 뜻하지만 진리의 다원주의를 전제하며 탈진실의 시대 상황을 묘사하는 이 책에서는
  주로 '진실'로 옮겼음을 밝힙니다. 다만 일부 철학사적 맥락에서는 '진리'를 택했습니다.

나를 겸손하게
또는 겸손하려고 노력하게 만들어주는
테리에게

차례

인간의 통제를 벗어난 사실에 의존하는 '진리'라는 개념은 이제껏 철학자들이 겸손이라는 필수 요소를 가르치는 방법 중 하나였다. 자만심을 억제하는 이런 장치가 제거될 때 일종의 광기를 향한 길로 한발 들이게 된다. 그것은 피히테Fichte와 함께 철학에 난입한 권력에의 도취이자, 철학자든 아니든 현대의 인간이 빠지기 쉬운 함정이다. 나는 이런 도취가 우리 시대 최대의 위험이라는 사실을, 아무리 의도하지 않았더라도 거기에 기여하는 철학은 엄청난 사회적 재난의 위험을 키우고 있음을 인정하게 되었다.

—버트런드 러셀Bertrand Russell


누가 구글이 필요해? 우리 아빠는 이미 다 아는데.

—어느 머그잔에 적힌 문구

## 서문

## 가짜 뉴스의 시대,
## 믿음과 확신에 던지는 질문

소크라테스는 《국가The Republic》에서 정치는 일상적이지 않
은 질문을 다룬다고 말한다. 정치는 우리가 어떻게 살아야
하는지에 관한 문제를 다룬다.[1] 이 책 《우리는 맞고 너희는
틀렸다》에서는 소크라테스의 질문을 조금 바꿔서 묻는다.
우리는 어떻게 믿어야 하는가? 좀 더 정확히 표현하면, 어떻
게 정치적 확신을 얻고 유지해야 하는가?

　　이는 긴급한 질문이다. 우리는 정치적 규범뿐 아니라
증거의 규범 자체가 흔들리는 시대를 살아가고 있기 때문
이다. 좌파와 우파의 서사 사이에는 갈수록 공통분모가 적
어지고, 심지어 가장 하찮은 사실들마저 논쟁과 의심의 대
상이며, '가짜 뉴스'는 그저 내 맘에 들지 않는 뉴스를 일컫
는 표현이 되었다. 이런 시기에 무엇을 어떤 방법으로 사고
할 것인가는 대단히 중요한 실존적 문제다.

　　또는 그래야 한다. 하지만 규범의 불확실성으로 우리
는 성찰을 더 하는 것이 아니라, 더 하지 않고 있다. 정치 담

론을 보면 '우리는 어떻게 믿어야 하는가'에 대한 오늘날의 대답은 **최대한 독단적으로**인 듯하다. 최근 자료에 따르면 적어도 미국에서는 서로 다른 정치 스펙트럼에 놓인 사람들이 여러 사안에서 의견이 갈리기보다 합치된다고 한다. 하지만 동시에 이 자료는 우리가 갈수록 상대 세력을 의혹에 차 있고 부정직하며 정보가 부실하고 완전히 부도덕하다고 여기고 있음을 보여준다.[2] 상대의 관점에 귀를 기울여야 한다는 생각은 불가능한 것 같다. 게다가 우리는 상대가 우리를 똑같은 방식으로 바라본다는 사실을 알고 있고, 여기에 분개한다. 우파는 자유주의자를 오만한 '노잇올know-it-all[자신이 남들보다 더 많이 알고 있다고 생각하는 사람을 비꼬는 표현]'이라고 생각하고, 좌파는 이것이 보수주의자가 미국 대통령으로 선출한 사람에 대한 정확한 묘사라며 쏘아붙인다.

양측 모두 일리가 있는지 모른다. 어쩌면 우리 모두 어떤 의미에서 '노잇올'이고, 그게 문제의 일부일 수 있다.

미국은 문화적인 면에서 늘 자신감에 차 있었다. 스스로를 일등이자 최고이며 우두머리 국가이니 특별한 관심을 받아 마땅하다고 여겼다. 문화적이든 어떤 식이든 자부심은 대체로 아주 좋은 것이다. 하지만 이 정치적 순간에 미국인으로서 국민 의식에 가장 가까운 태도가 있다면 그건 자신감이 아니라 오만함이다. 특히 오늘날 우리의 정치적 관게를 규정하는 어떤 부류의 오만함. 도덕적 확신이라는 오만함. 당신의 편은 모든 것을 파악했다는 오만함. 당신은 이미 아주 훌륭하기 때문에 개선이 필요하지 않다고 생각하는 오만함. 우리가 안다고 믿거나 생각하는 것에 대한 오만함. 지적인 오만함.

　　몇 가지 요인들이 공모하여 이런 태도의 확산을 부추긴다. 가장 분명한 것은 우리의 정치다. 특히 미국에서 우리는 터무니없는 거짓뿐 아니라, 거짓에 대한 기이한 자기 확신에 둔감해져가고 있다. 사람들은 군중이 실제보다 많다고 말했고, 해가 빛나지 않는데 빛난다고 말했고, 트럼프가 압도적으로 승리했다고 말했다. 그것은 트럼프가 당선된 지 며칠 지나지 않았을 때의 일이었다. 그 뒤로 우리의 정치 담론은 진실에 대한 오만한 무심함으로 훨씬 더 오염되었다. 대부분은 아마 어느 순간 이보다 더 나쁠 수는 없다고 느꼈을 텐데, 그 뒤로도 상황은 계속 나빠지고 있다.

　　소크라테스의 질문이 우리에게 대단히 절실한 또 다른 이유가 여기에 있다. 바로 믿음을 어떻게 얻는가는 우리가 무엇을 믿는가에 직접 영향을 미치기 때문이다. 이미 마음을 정해놓은 상태에서 기후변화가 현실인지 아닌지 또는 백신이 자폐증을 유발하는지 아닌지의 문제에 접근할 경우, 우리가 내놓는 대답은 진실보다는 우리 자신을 더 많이 반영하게 될 것이다. 여기서 더 나아가 만일 우리가 나와 다른 대답을 내놓은 사람들 역시 마음을 정해놓은 채 질문에 접근하고 있다고 확신할 경우, 기획 전체가 끝장났다는 기분을 느끼게 될 수도 있다. 모두가 각자의 선택에 따른 사실을 추종할 자격이 있다고, 모든 뉴스가 가짜 뉴스이고 소셜 미디어는 그저 무기로 변질된 정보일 뿐이라고 말하는 사람들에게 귀를 기울이기 시작할 수도 있다. 카뮈Albert Camus 처럼 "대화와 개인 관계가 선동 또는 격론으로 대체되었다"라고 생각하게 될 수도 있다.[3] 달리 말해서 우리가 정치 담론 속에서 느끼는 독선적 오만함은 우리 파벌의 무오류성에 대한 믿음 때문이거나, 진실은 도박의 대상쯤으로 여기고 권력을 성공의 척도로 보기 때문일 수도 있다.

이런 성찰은 소크라테스의 질문이 사실상 생활과 정치에서 진실에 대한 우리의 태도 문제를 가리키고 있음을 시사한다. 정치에서 어떻게 진실에 접근해야 하는가는 역사가 유구한 문제이다. 미국 대통령직과 관련된 현재 정치 상황이나 2018년 브라질 대통령 선거 그리고 헝가리, 오스트리아, 심지어 영국의 민족주의적 움직임은 문제를 뚜렷하게 부각시킬 뿐이다. 각각의 경우 그 해법이 무엇이든지 간에 당장 이런 상황을 해결한다고 해서 근본적인 문제까지 사라지지는 않는다. 파벌의 신념만이 중요하다고 생각할수록 승리를 위해 증거를, 권력을 위해 진실을 오만하게 묵살하는 일이 늘어난다. 누가 권력을 쥐든 민주주의를 향한 우리의 힘은 약해진다. 이런 환경에서 자란 아이들은 언어는 위선과 혼란을 위해 사용할 때 가장 가치 있고, 민주주의는 멍청이들을 위해 존재한다는 교훈을 흡수하게 될 것이다. 한나 아렌트Hannah Arendt가 표현한 것과 같다. "사실에 근거한 진실을 거짓말로 일관성 있게 완전히 대체하는 데 따르는 결과는, 거짓말이 진실로 받아들여지고 진실이 거짓말이라는 오욕을 뒤집어쓰게 되는 게 아니다. 실세계의 방향 감각이 … 파괴된다는 것이다."[4]

이런 문제를 기술적이고 정책적인 해법으로 처리할 수 있다고 생각하기 쉽다. 디지털 플랫폼을 새롭게 상상한다든지, 새 법안을 통과시킨다든지, 사람들에게 시민 윤리를 더 많이 가르친다든지. 당연히 이런 것들은 아주 중요하다. 하지만 가장 중요한 것은 무엇을 '사실'로 여길지 합의가 없을 때는 사람들에게 더 많은 사실을 가르쳐준다고 해서 진실과 확신에 대한 태도 문제가 해결되지 않는다는 점이다. 독단의 확산과 오만의 정치를 어떻게 다룰 것인가는 기술적인 문제가 아니다. 그것은 인간에 대한 문제다. 그걸 해결하고 싶다면 우리가 중요하게 여기는 대상과 방식을 바꿔야 한다. 태도를 바꿔야 한다.

태도는 주변 세상에 대한 우리의 노골적이거나 암묵적인 평가이다. 태도는 사고의 틀이고, 긍정적이거나 부정적인 마음의 지향성이다. 사회심리학에서는 백 년 이상, 철학에서는 그보다 훨씬 이전부터 태도를 논했다. 17~18세기의 스코틀랜드 철학자 데이비드 흄David Hume이라면 그것을 감성sentiments이라고 부를 것이다. 프로이트Sigmund Freud 이후 과학자들은 우리가 우리를 움직이는 정신적 태도를 때로 거부하기도 하고, 때로 붙들고 있다가 당혹스러워하기도 한다고 경고했다. 태도는 우리가 세상과 서로와 그리고 우리 자신과 관계를 맺는 방식에 중요한 영향을 미친다.

　오늘날처럼 양극화된 정치 환경에서 정말 중요한 개념은 예의civility라고 생각할 수도 있다. 예의를 차리는 데 전혀 반대하는 것은 아니지만('예의를 지켜라'가 '닥쳐'라는 의미로 사용되는 경우를 제외하고) 나는 더 근본적인 데 관심이 있다. 예의는 사회규범을, 즉 적절한 사회적 행동의 기준선을 나타낸다. 하지만 우리가 어떻게 **행동**하는가는 우리가 어떻게 **생각**하는지, 즉 무엇을 믿고 무엇을 안다고 생각하는지에 따른 결과다. 그러므로 '예의에 어긋나는' 행동을 이해하고 싶으면 믿음에 대한 태도에서 시작해야 한다. 믿음은 정치 안에서도 그 밖에서도 행동에 영향을 미친다. 우리가 누군가에게 협력하든 훼방을 놓든, 정책을 이행하든 반대하든, 누구에게 투표하든, 이 모두는 우리가 무엇을 믿는가에 달려 있다. 그리고 이런 믿음 자체뿐 아니라 믿음을 형성하는 방식, 믿음의 신뢰성, 그 믿음을 어느 정도 바꿀 수있는지 등과 관련한 우리의 태도를 이해하는 것이 중요하다. 우리 자신과 다른 사람들을 어떻게 믿음을 가진 존재로 여길지 고민할 필요가 있다.

민주주의가 직면한 도전 과제를 이해하는 데 지적 오만함에 초점을 맞추어야 하는 것은 이 때문이다. 예의 없음과는 달리 지적 오만함은 본질적으로 우리 자신과 다른 사람의 믿음 모두와 관련이 있다. 지적 오만함에 병적으로 시달릴 때 우리는 다른 누구에게도 배울 게 없다고 생각한다. 우리의 세계관은 나와 다른 관점을 가진 사람들이 하는 말을 경청함으로써 더 나아질 리가 없다고 보는 것이다.

지적 오만함은 개인적인 잘못만이 아니다. 나는 여러분에게 그것이 사회적인 잘못이기도 하다는 확신을 심어주고 싶다. 환경만 맞으면 오만함은 파벌적인 성격을 띠고 '우리'가 '그들'을 대하는 태도가 될 수 있다. 이렇게 되면 우리는 비민주적인 미래로 이어지는 길에 진입하게 된다. 이 '파벌적인 오만함' 때문에 사람들은 진실보다 충성을 내세우고, 자신들의 관점이 우월할 뿐만 아니라, 이보다 훨씬 위험하게 인간으로서도 우월하다고 믿게 되기 때문이다.

문제의 근원은 확신이 오만함으로 이어지는 경향이다. 따라서 나의 설명은 확신이 우리 삶에서 수행하는 역할에 대한 눈에 잘 띄지 않는 사실들을 근거로 삼는다. 확신은 자아 정체성을 반영한다는 점에서 일종의 전념commitment(실천을 요구하는 것)을 만드는 믿음이다. 확신은 우리가 어떤 부류의 사람이 되고 싶은지, 어떤 집단과 파벌에 속하고 싶은지를 반영한다. 확신에 대한 공격이 우리 정체성에 대한 공격처럼 보이는 것은 실제로 그러하기 때문이다. 우리가 확신과 반대되는 증거를 종종 무시하는 것 역시 이 때문이다. 확신을 포기하는 것은 우리가 우리라고 상상하는 인격을 바꾸는 일이기 때문이다.

　　이는 인간의 조건에서 비롯되는 사실이다. 여기서 별로 주목받지 못하는 결과가 나온다. 인간은 불안정한 시기에 자신의 정치적 신념을 대단히 방어적이고 정체성을 보호하는 방식으로 형성하는 경향이 있다. 이는 불안정한 시기에 우리가 이용당하기 쉽다는 의미이기도 하다. 자신의 확신에 대해, 자신이 속한 파벌에 대해 자신감을 갖고자 하는 것은 대단히 인간적이다.[5] 하지만 이런 자신감에 대한 욕구가 변화에 대한 두려움과 결합하면 사람들은 권위주의적인 목적으로 이 사실을 악용하려는 정치 이데올로기에 취약해진다. 좌파에서든 우파에서든 오만함의 이데올로기는 '우리와 그들'을 넘어 '그들 위에 있는 우리'라는 문화적 서사를 선전함으로써 우리의 공포와 욕구를 이용한다. 그리고 이런 이데올로기는 우리의 확신을 늘리고, 주위의 모든 것에 정치적 의미를 부여하며, 입는 옷부터 모는 자동차와 마시는 커피까지 우리의 모든 선택을 확신의 문제로 만든다. 그러면서 우리의 정체성을 확장하라고 부추긴다.

오늘날 우리가 이 모든 일을 홀로 하고 있다는 사실 역시 별로 주목받지 못하는 경향이 있다. 이런 문화적 서사들이 어떻게 발전하는지를 이해하기 위해서는 그것이 어디에서 소통되는지 알아야 한다. 바로 디지털 공간이다. 가짜 뉴스나 선동과 같은 정보오염은 집단 양극화의 확산을 가속화하고, '우리'는 알지만 '그들'은 모른다는 인식을 강화한다. 그것이 효과적인 이유는 사람들이 틀린 것을 믿게 해서가 아니다. 사람들로 하여금 특정한 것을 느끼게 하고, 그들의 확신과 정체성을 강화하는 태도를 공유하도록 하기 때문이다. 나는 소셜미디어가 맹목적인 확신을 양산하는 기계라고 주장할 것이다.

이 책은 손사래를 치면서 진짜 문제가 있는 곳을 가리키는 글처럼 보일지 모른다. 오늘날 거의 모든 사람들은 화재의 원인에는 관심을 두지 않고 출구만을 바라본다. 하지만 확신을 이성과 증거의 적으로 여기지 않는 대안적인 이상의 씨앗을 심고자 하는 바람도 있다. 버트런드 러셀은 정치에서 합리적인 주장의 중요성을 옹호하는 책을 쓰며 "그런 의견이 보편화되면 우리의 사회생활과 정치 시스템을 완전히 바꿔놓을 것"이라는 말로 시작했다. 하지만 그는 냉담하게 덧붙였다. "지금으로서는 둘 다 흠잡을 데가 없다고 생각하는 사람들이 있기 때문에 내 주장 역시 비교 검토되어야 한다."[6] 합리성에 대한 러셀의 옹호처럼, 오만한 태도를 버리고 지적 겸손함을 갖추자는 주장은 불필요하고 이상주의적이라고 묵살하기 쉽다. 주장이 불필요하다고 생각하는 이유는 오만한 건 상대방뿐이고 이미 모두가 그 사실을 알고 있다고 생각하는 경향이 있기 때문이다. 그러니 신경 쓸 필요가 있겠는가? 그리고 주장이 이상주의적이라고 생각하는 이유는 우리 모두 아무것도 바뀌지 않는다는 사실을 알기 때문이다.

고백하건대 나는 이상주의적인 사람이다. 하지만 변명할 생각은 없다. 이상을 열망하고, 실패에서 배운 교훈으로 이상에 맞춰가려고 하는 것이 철학의 본성이다. 이 책《우리는 맞고 너희는 틀렸다》는 오늘날 우리 문화에 만연한 자기 확신을 진단하고, 민주주의 안에서 진실의 가치에 대한 정치적 교훈을 추출함으로써 이 목표에 맞춰가고자 한다. 결국 교훈의 본질은 이미 소크라테스의 질문 안에 들어 있다. 산다는 것은 확신을 갖는 것이고 믿음을 행동으로 연결하는 것이다. '어떻게 믿을 것인가'라는 문제를 진지하게 탐구하지 않고서 '어떻게 살 것인가'를 참되이 알 수 없다.

# 1
# 장

## 몽테뉴의 경고

"지식이 있는 사람들은 자신에게 더 가혹한 경향이 있다. 실수를 저지르기가 얼마나 쉬운지 알기 때문이다. 하지만 무능한 사람은 자신이 무엇을 모르는지 모르기 때문에 자만에 빠지기가 더욱 쉽다."

인간보다 더
형편없는 존재는 없다

화가 치미는 선거 결과를 보고 나서, 또는 친척들과 험악한 고성이 오가는 명절 식사 자리를 보내고 나서, 아니면 24시간 계속해서 적개심만 자극하는 뉴스를 보면서 그냥 정치에 관심을 끊어야겠다고 생각해보지 않은 사람이 있을까? 세상과 담을 쌓고 좋은 책과 함께 집에 틀어박혀서 지내고 싶다는 유혹을 느껴보지 않은 사람이 있을까? 오늘날 많은 사람들에게 그것은 아마 소셜미디어에서 벗어나는 삶을 의미할 것이다. 하급 귀족이자 정치인, 무엇보다 16세기 가장 위대한 작가 중 한 명이었던 미셸 드 몽테뉴Michel de Montaigne에게 그것은 문자 그대로의 의미였다. 그는 38세에 공직에서 물러나 대저택에 책을 쌓아놓고 정치적인 삶에서 손을 떼려고 노력했다.

몽테뉴는 정치에 회의를 느꼈다. 그는 생각했다. 인간은 자신이 분주하게 진리를 추구한다고 생각하지만 "자신이 좇는 것을 찾아내는 것이 인간의 역량으로 가능할까?" 몽테뉴는 회의적이었다. 인간에게는 "전염병"이 있었다. "자신이 무언가를 안다는 생각"이 바로 그것이었다.[1]

몽테뉴가 살던 당시 프랑스는 극도로 폭력적인 정치적, 지적 격변의 시기를 겪고 있었다. 코페르니쿠스Nicolaus-Copernicus의 과학적 발견은 지구를 우주의 중심으로 여기던 교양 있는 유럽인의 세계관을 흔들어놓았고, 신대륙의 발견은 유럽 중심성에 의문을 품게 만들었다. 일반인에게 가장 극적인 일은 진리의 유일한 결정권자임을 자처하던 가톨릭교회의 전통적인 주장이 종교개혁으로 공격받게 된 것이었다.

우주의 본질, 지리, 종교 지식에 관한 이 세 가지 의혹의 폭풍 때문에 사람들은 불안감을 느꼈다. 파멸의 예언이 판을 쳤다. 종말 또는 최소한 문명의 끝이 임박했다는 생각이 주를 이뤘다. 하지만 대부분의 사람들은 자신의 믿음 체계에 대한 이러한 도전에 대응하여 자신이 이제까지 해온 생각이 옳은지 근본적인 질문을 던지지 않았다. 오히려 그와는 거리가 멀었다. 종교적 극단주의가 만연했고, 각 집단은 자신들만이 우주의 종교적 진리를 발견했다고 확신했다. 시대의 불확실성은 많은 사람들의 마음속에서 과도한 행동과 지독할 정도로 맹목적인 신념을 정당화했다. 이 때문에 몽테뉴가 살던 지역을 비롯해 프랑스 전역의 도시와 마을에서 자신과 종교적 신념이 다른 이웃을 살해하는 일들이 벌어졌다. 중용을 주장하거나 종교전쟁에 대한 해법은 영적인 데 있지 않고 정치적인 데 있다는 암시를 주는 사람은 양측에서 의혹의 시선을 받았다. 믿음을 둘러싼 거대한 불확실성이 망설임이 아닌 독선에 불을 지폈다.

1533년에 태어난 몽테뉴는 일생 동안 이런 갈등 속에서 길을 찾아 헤맸고, 보르도Bordeaux 시장으로 일했으며, 프랑스 곳곳에서 살상을 일으킨 종교적 적대와 내전과 다양한 개인적 공격을 견뎌냈다.[2] 나중에 정계에 복귀하긴 했지만 몽테뉴는 "열의가 인간의 증오 성향을 강화할 때 경이로운 일이 펼쳐진다. … [하지만 그것은] 절대 인간이 선을 향해 날아오르게 만들지 못한다"라고 말하며, 그 시대에 팽배한 독단과 거리를 두었다.[3] 그는 자신의 탑 속에서, "때묻지 않은 학자들의 품" 속에서 은거하는 편이 더 좋다고 말했다. 그가 에세이라는 글쓰기의 형태를 발명하고 유명한 에세이를 남긴 곳이기도 했다. 이 에세이에서는 인간에 대한 관찰만큼이나 자신에 대한 관찰이 빛을 발한다. 타인에게서 발견하는 허영과 오만이라는 전염병에 자신도 똑같이 시달리는 경향이 있음을 발견한 것이다.

몽테뉴는 이미 1800년 전에 지혜에 이르는 길은 자신을 아는 데서 시작한다고 조언했던 소크라테스에게서 영감을 얻었다. 델포이 신탁은 소크라테스보다 더 지혜로운 자는 없다고 선언했다. 하지만 소크라테스는 자신이 아는 단한 가지 사실은 자신이 많이 알지 못한다는 것뿐이라고 말했다. 몽테뉴는 글을 쓰며 이 고대 그리스 철학자를 종종 언급하고, 끊임없이 대답을 찾아다녔던 소크라테스에 대한 존경심을 드러냈다. 하지만 몽테뉴가 진짜로 매달렸던 대상은 피론학파Pyrrhonism라고 하는 약간 다른 집단이었다. 이들은 고대의 회의론자로, 인간을 불행하게 만드는 것은 자신이 실제보다 더 많이 안다고 생각하는 경향이라고 주장했다. 하지만 소크라테스와는 달리 피론학파는 더 많이 알아야 한다고 사람들을 부추기지 않았다. 행복하고 싶으면 지식에 대한 탐색을 중단해야 하며 사실상 일체의 것에 대한 믿음을 포기해야 한다고 말했다.

독실한 가톨릭 신자였던 몽테뉴는 피론학파의 수준까지 가야 할지 망설였다. 그가 생각하기에 문제는 신념 자체가 아니라 지적 오만함, 즉 믿음이나 세계관에 대한 오만함에 빠지는 경향이었다. 그는 회의론자로부터 이 부분을 취했고, 그들의 말을 자신의 도서관 기둥에 새겼다. 그 가운데에는 "확실한 것은 아무것도 없으며, 인간보다 더 형편없거나 더 오만한 존재는 없다는 사실 빼고는 아무것도 확실하지 않다"라는 플리니우스Pliny의 말도 있었다.[4] '오만함'은 몽테뉴에게 금언이자 경계의 대상이었다. 확실함에 대한 욕망, 우리가 모든 것을 밝혀냈다는 생각, 우리의 이성이 최고라는 생각에 대한 욕망은 정치에서도 생활에서도 인간을 궁지로 몰아넣는다.

이 책《우리는 맞고 너희는 틀렸다》는 지적 오만함의 위험을 경계한 몽테뉴와 같은 입장을 취한다. 몽테뉴처럼 우리는 심각한 혼란의 시대를 살아가고 있다. 일부 미국인에게 이런 혼란은 많은 부분 경제, 문화, 인구통계학적 변화와 관련이 있다. ('백인은 조만간 미국인 중에서 다수를 차지하지 못하게 될 것이다.') 하지만 이 혼란의 일부는 기술적인 성격을 띤다. 정보기술은 우리의 생활 방식, 세상을 학습하는 방식, 상호작용하는 방식을 바꿔놓았다. 전보다 정보에 접근하기가 더 쉬워졌지만 그 정보와 우리가 아는 것 사이에 날이 갈수록 이견이 커지는 것 같다.

정치적 적수를 대하는 우리의 태도는 점점 극단을 달리고 있다. 그리고 이제는 가치나 사실뿐 아니라, 사실의 출처에 대한 신뢰성마저 합의가 이루어지지 않는다. 그 결과 우리의 공적 담론은 짓뭉개져버렸다. 전통적인 경계와 예의에 대한 규범들이 옆으로 밀려났고, 더 이상 거의 아무것도 우리를 놀라게 하지 못하는 듯하다. 하지만 우리는 이런 불확실성에 어떻게 대응하고 있는가? 16세기 종교 광신도들처럼 별다른 의심도 없이 참호를 파고 들어간다. 무엇이 옳고 그른지 안다고 혼잣말을 하면서 자신의 우월함을 드러내는 트윗을 날리며 스스로를 안심시킨다.

몽테뉴가 자신의 탑에서 은거했을 즈음에는 이미 그 시대의 독단이 학살을 저지른 상태였다. 우리 시대는 아직 그 정도는 아니지만 우월하다는 생각, 진짜 진실을 파악하고 있다는 의식을 토대로 한 독단적인 정치가 다시 발호跋扈하고 있다. 대학 캠퍼스에서 행진하는 신나치 속에서, 유럽의 시위 속에서, 국경에 장벽을 세우려는 욕망 속에서, 좌우파 모두 타협을 일축하는 태도 속에서 우리는 그것을 확인할 수 있다. 독단과 자기 확신과 지적 오만함이 강렬한 빛을 비춰주는 이 길을 따라가면 결국 어두운 숲이 나올 거라는 기분을 떨치기가 힘들다.

당대에 팽배했던 지적 오만함에 대한 몽테뉴의 반응은 우리가 이 책 전반에서 다루게 될 철학적인 문제를 생생하게 예시한다. 이 문제는 몽테뉴 이전부터 존재했고 우리 다음 세대에도 이어질 것이다. 이 하나의 문제에는 두 가지 측면, 개인적인 측면과 정치적인 측면이 있다. 개인적인 측면은 우리가 자신의 확신에 대해 어떤 태도를 취해야 하는지, 즉 무엇이 근본적으로 옳고 그른지 생각하는 것과 관련이 있다. 이를 자신에게 던지는 질문의 형태로 바꿔보면 이렇게 된다. '나는 어떻게 강한 확신을 유지하면서도 동시에 틀릴 수도 있다는 가능성을 열어둘 수 있을까?' 한쪽의 태도는 다른 한쪽의 태도를 심리적으로 배제하는 것 같다. 이는 성찰적인 사람이라면 직면할 수밖에 없는 문제다. 몽테뉴가 최초로 입증했듯 이 문제는 어떻게 살지, 어떻게 생각할지, 그리고 어떻게 지적 오만함에 빠지지 않고 확신을 유지할지를 다룬다는 점에서 단순히 추상적인 수수께끼가 아니라 '실존'의 문제이다.

몽테뉴의 생각처럼 아무것도 믿지 않는 것을 선택지로 보기는 힘들다. 마찬가지로 탑에 은거하는 것 역시 우리 대부분에게 선택지이기 힘들고, 사회 변화의 관점에서 그렇게 유용하지도 않다. 바로 이 사실 때문에 우리는 이 문제의 정치적 측면을 살펴야 한다. 몽테뉴의 시대에도 분명히 감지할 수 있었지만 민주주의의 시대에 이 정치적 측면은 특별히 민감한 문제로 대두된다. 민주주의는 확신을 가진 시민을 필요로 한다. 심드렁한 유권자는 유권자로 볼 수 없기 때문이다. 하지만 민주주의는 서로의 확신에 귀 기울이고, 정치적인 타협에 몸담을 줄 아는 시민 역시 필요로 한다. 문제는 확신을 가진 사람이 상대편에 귀 기울이는 사람을 의심스럽게 여긴다는 점에 있다. 그들을 진짜 믿음을 가진 사람으로 보지 않는 것이다. 실제로 귀를 기울이는 사람들은 종종 실천력이 부족하다. 이런 사람들은 상아탑으로든 어디로든 일단 피신하는 경향이 있다.

지적 오만함이 정치에 미치는 문제는 비단 우리 시대

만 겪는 일은 아니지만, 몽테뉴의 시대처럼 상황이 극심하다는 점 또한 사실이다. 이와 맞붙으려면 그 오만함의 실체부터 먼저 이해해야 한다.


우리는 이 세상을
감성으로 더럽힌다


오만함의 씨앗은 인생의 초기에 심긴다. 몽테뉴는 인간이 지향해야 할 이상적 모습으로 '옥수수자루'를 들었다. 옥수수는 어려서 머리가 비었을 때는 당당하고 꼿꼿하게 서 있다가 나이가 들면서 머리가 꽉 차면 겸손함으로 고개를 떨구는데, 이를 이상적 성장 패턴이라고 생각한 것이다.[5] 하지만 몽테뉴는 현실에서 이런 일이 절대 일어나지 않는다고 주장했다. 몽테뉴와 고대의 회의론자들은 자신의 지식을 과대평가하는 경향은 그저 일시적인 현상이 아니라 인간의 본성에 해당한다고 봤다.

　　최근 몇십 년 동안 인지과학은 몽테뉴의 그런 생각을 따라잡았다. 가령 심리학자 데이비드 더닝David Dunning과 그의 동료들은 실험을 통해 피험자에게 먼저 문장에서 틀린 문법 확인하기 같은 과제를 수행하라고 지시한 다음, 자신이 그 과제를 얼마나 잘 수행했는지 평가하라고 요청했다.[6] 그러자 과제를 잘 수행하지 못한 피험자는 자신이 실제보다 더 잘했다고 생각하는 경향을 보인 반면, 잘 수행한 피험자는 의외로 자신이 실제보다 더 못했다고 생각하는 경향을 보였다. 학생이나 다양한 직업군, 심지어는 의사의 경우도 결과는 동일했다. 이 실험 결과를 통해 유능한 사람은 능력을 지니고 있을 뿐만 아니라, 그 능력을 갖는다는 것이 어떤 의미인지를 알고 있다는 교훈을 도출할 수 있다. 지식이 있는 사람들은 자신에게 더 가혹한 경향이 있다. 실수를 저지르기가 얼마나 쉬운지 알기 때문이다. 하지만 무능한 사람은 자신이 무엇을 모르는지 모르기 때문에 자만에 빠지기가 더욱 쉽다.

게다가 우리 대부분은 주위 세상이 어떻게 돌아가는지 실제보다 더 많이 안다고 착각한다. 인지과학에서 가장 유명한 실험 중에 '속속들이 알고 있다는 착각illusion of explanatory depth'이 있다. 먼저 피험자에게 지퍼의 작동 방식을 얼마나 잘 이해하고 있는지 평가해보라고 요구한 뒤 그것을 설명하게 한다. 이때 거의 모든 사람이 자신이 안다고 생각하지만 실제로는 그렇지 않다.[7] 이런 발견은 숱하게 반복적으로 나타난다.[8] 만물박사란 존재하지 않는다는 사실을 감안할 때 우리는 마음속에 10대 시절 자아를 간직하고 있다는 결론을 피하기 힘든 것이다. 우리가 어린 옥수수처럼 우뚝 서 있는 이유는 그저 머리가 비었기 때문이다.

이처럼 자신의 지식을 과대평가하는 인간의 경향은 자신의 판단이 실제보다 합리적이고 신중하다고 생각하는 보편화된 경향과 연관되어 있다. 몽테뉴가 5백 년 전에 주장했듯 우리의 "합리적인 정신"은 "깨어 있는 수면 상태" 동안, 즉 의식적인 성찰의 도움을 받지 않고 만들어진 "개념과 의견을 수용한다."[9]

몽테뉴의 뒤를 이은 17~18세기 철학자들은 이 통찰을 더 진전시켰다. 그들은 마음을 다양한 시스템 또는 '기능faculties'으로 구분했다. 여기서 기능이란 자동적이거나 소극적으로 작동하는 것들과 좀 더 의식적이고 적극적이고 신중한 것들을 말한다.[10] '직관intuition'은 비성찰적이고 자동적인 판단을 내리는 능력인 반면, '성찰reflection'은 복잡한 문제를 해결하고 장기적인 계획을 세우고 의식적으로 이성을 앞세우는 능력이다. 성찰은 우리가 더 세련된 인지 활동을 할 수 있게 해주는 반면, 직관은 날 때부터 장착된 필수품이다. 만일 우리의 마음이 규칙적으로 쌓이는 대다수의 정보를 빠르게 처리하지 않으면, 즉 직관적인 지름길을 택하지 않으면 우리는 생활을 지속하기 힘들 것이다.[11]

일례로 우리가 새로운 사물과 경험을 이미 자신에게 친숙한 것들과 자동적으로 그리고 무의식적으로 비교하고 대조하는 경향도 마음의 이런 직관적 기능과 직결되어 있다.[12] 우리가 익히 아는 것과 유사한 상황, 옷, 음식 등을 좋아하는 것은 이 때문이다. 하지만 우리가 새로운 상황을 자신의 기대에 부합하게 만들려고 발 빠르게 노력하는 것 또한 이 때문이다. 가령 누군가에게 "모세가 방주로 동물을 몇 마리 가져갔었지요?"라고 물어보면 상대는 그 질문이 잘못되었음을 알아차리지 못할지 모른다. 사람들은 노아와 방주를 무의식적으로 연결하기 때문이다. 이런 종류의 처리는 몽테뉴의 영향을 크게 받은 18세기 스코틀랜드 철학자 데이비드 흄이 "생각의 연상"이라고 표현한 작용 원리 중 하나로 흄은 이를 마음이 가장 많이 사용하는 메커니즘이라고 생각했다. 흄의 주장처럼 이런 연상적인 사고는 우리가 새로운 사물을 접할 때마다 의식적, 개별적으로 평가하는 수고를 덜어준다. 덕분에 우리는 더 빨리 '체계성과 규칙성'을 갖춰 판단을 내릴 수 있게 된다.[13] 하지만 이는 우리의 의견과 심지어 우리가 세상을 인식하는 방식이 우리가 이미 진실이라고 믿고 느끼는 것에 따라 결정된다는 의미이기도 하다.[14] 여기서 그것이 진짜 진실인지 아닌지는 중요하지 않다. 흄의 유명한 표현에 따르면 "우리는 이 세상을 우리의 감성으로 더럽힌다."

이는 '의도적 합리화'와 '암묵적 편견'이라는 현상의 핵심이다. 우리는 일정 정도 우리가 볼 거라고 기대한 것을 보고, 이미 우리가 안다고 생각하는 것과 맞아떨어지는 것을 믿는다. 그리고 어떤 범주에 익숙할수록 그 안에 속한 것을

통해 연상하고 기대하며 이런 범주에 대해 자동적이고 무의식적인 판단을 내린다.[15]

이는 우리가 아주 큰 잘못을 저지를 수도 있다는 뜻이다. 새로운 것과 기존의 것을 직관적으로 연결하는 이런 경향은 생명이 없는 사물뿐 아니라 인간에게도 적용된다는 점에서 도덕적인 문제를 야기할 수 있기 때문이다.[16] 여기에는 사회규범과 선입견이 끼어들기 마련이다. 인종주의, 성차별주의, 더 큰 사회적 맥락에 스며 있는 여타 차별적인 연상들이 서로에 대한 우리의 인식을 왜곡할 수 있다는 뜻이다. 이슬람교도는 위험하다는 고정관념은 이슬람교도에 대해 생각하고 그들을 대하는 방식을 왜곡할 수 있다. 여성은 남성에 비해 자신감이나 지적 능력이 떨어진다는 고정관념은 여성에 대해 생각하고 그들을 대하는 방식을 왜곡할 수 있다. 흑인은 위험하다는 고정관념 또한 흑인에 대해 생각하고 그들을 대하는 방식을 왜곡할 수 있다. 그 외에도 다양한 적용이 가능하다.[17] 그리고 고정관념이 확산할수록 사람들이 어떤 집단을 사고하는 방식에 영향을 미칠 가능성이 높아지고, 이런 집단에 속하는 개인들이 정말 어떤지 '안다'고 넘겨짚는 경향도 강해진다.[18]

설상가상으로 우리는 성찰을 바탕으로 한 믿음과 암묵적 편견을 바탕으로 한 믿음을 잘 구별하지도 못한다. 따라서 세상을 우리의 감성으로 더럽힐 때면 이른바 사각지대에 편견을 갖는 경향이 있다. 하지만 우리는 자신의 판단이 언제 편견의 영향을 받는지 잘 알아차리지 못한다. 다른 사람에게도 당연히 편견이 있다. 하지만 '우리의 믿음은 눈처럼 순수하고 사실과 건전한 이성에 입각해 있다'[19]고 믿는 자신의 그릇된 인식과, 실제로는 못했지만 잘했다고 과대평가한다는 앞선 발견을 연결해보자. 여기서 무서운 가능성이 도출된다. 우리는 자신의 편견을 감지하지 못할수록 오히려 편견을 잘 감지한다고 생각할 수 있다. 물론 몽테뉴와 흄에게는 별로 놀라운 일도 아니겠지만 말이다.


## 오만한 사람들의
## 치명적인 사회성

이카로스를 동정하는 건 어렵지 않다. 그는 신처럼 날고자 했지만, 창공 속으로 서서히 사라지는 대신 불에 타서 지구에 추락했다. 이때 그는 그리스인이 말하는 '교만의 대가'를 치렀다. 그리스신화를 보면 그리스인들은 이 교만의 대가에 약간 강박이 있어 보인다. 그리스인들의 이야기에서 교만은 결코 처벌을 면치 못한다. 자기 자식들의 우월함을 뽐냈던 니오베는 돌이 되었고, 신의 불을 훔친 프로메테우스는 간을 파먹히는 영원한 형벌을 받게 되었다. 태양에 너무 가까이 날아간 이카로스는 바다에 떨어졌다.

신화를 단순한 경고성 이야기로 볼 수도 있지만 그 속에서 우리는 인간에 대한 중요한 통찰을 포착할 수도 있다. 바로 자기 과신이 삶의 중요한 특성이라는 점이다. 신화를 보면 그리스인들은 과신이 위험하다고 강조하면서도 동시에 자기 과신 없이는 위대한 것을 성취하지 못한다고 생각하는 경향도 있었다. 데이비드 흄은 "행운은 보통 용감하고 진취적인 사람에게 호의적이며, 자신에 대한 훌륭한 평가만큼 용기를 고취하는 것은 없다"라고 말했다.[20] 그는 자부심self-esteem이야말로 모든 성공하는 인물의 필수 요소이자 마음가짐이라고 여겼다.

그런데 이 뻔한 말이 우리 시대에는 거창한 해방의 좌표로 받아들여졌다. 1970년대부터 교육계에서 일어난 '자부심[더 최근 용어로 자존감] 운동'은 학생의 자아 개념을 문제 삼으며 어떤 식으로든 다르거나 창의적이거나 백인 이성애 중심에서 벗어난 이들을 조롱하던 이전 문화에 대한 반동이었다. 이 새로운 접근법은 비판보다는 칭찬과 성취를 강조했다. 좀 더 최근에는 '투지grit'라는 연관 개념에 매혹되는 경향도 나타난다. 투지는 성공하겠다는 욕구다. 이는 일종의 결심이며, 자기 통제로 표현되기도 한다. 투지가 있는 사람은 버텨내는 사람이다. 마시멜로를 먹지 않는 아이처럼 말이다. 투지는 상황이 우리에게 불리할 때 굴하지 않고 헤쳐나갈 수 있게 해준다. 그래서 투지가 있다는 것은 자부심이 있다는 의미로 생각하는 경향이 있다.

주목해야 할 점은 우리가 흄의 이 뻔한 말을 자신의 믿음에도 적용한다는 사실이다. 우리는 적개심을 품은 사람들이 증언의 신뢰성에 흠집을 내려고 안간힘을 쓰는 상황에서도 강한 자부심으로 자신의 성폭력 경험을 증언하기 위해 자리에서 일어서는 여성들을 존경한다. 그리고 당대의 과학자와 교회가 아무리 지탄을 해도 과학적 증거에 따라 지구가 태양 주위를 돈다고 당당하게 믿었던 갈릴레오를 존경한다. 간단히 말해서 우리는 다른 사람들이 믿기는커녕 그럴싸하다고도 여기지 않는다 해도, 강인한 마음으로 증거를 포기하지 않는 사람들을 존경한다.

그리고 우리는 그래야 한다. 자신의 능력에 대해서든 믿음에 대해서든, 자신감self-confidence은 아주 훌륭한 것이기 때문이다. 우리는 아이들에게 자신감을 불어넣어주고 싶어 하고, 스스로도 자신감이 더 많았으면 한다. 우리는 우리가 타는 비행기를 조종하고, 우리 몸에 칼을 대고, 전투에서 우리의 군대를 이끄는 사람들에게 자신감을 요구한다. 자신감은 매력적이다. 누구도 심약하거나 비실비실한 사람을 추종하지 않는다. 자신감은 자기 과신이, 용감함은 교만함이 될 수 있음을 알면서도 우리는 잘못된 길보다는 바른 길을 걷는 일이 더 많기만 하다면, 위험을 감수할 수 있을 정도의 자신감이 있는 사람에게 기꺼이 돈을 거는 일이 많다. 요컨대 자신감에는 사회적 보상이 따른다.

이처럼 자신감에는 부정할 수 없는 사회적, 심리적 장점이 있고, 이는 인간이 어째서 지적 오만함만큼이나 자기과신에 빠지기 쉬운지를 설명하는 데 도움이 된다. 그 이유는 자신감 그 자체가 아니라 **자신감에 대한 사회적으로 강화된 욕구**에 있다. 우리는 다른 사람의 존경을 갈망하는데, 자부심은 존경을 얻을 수 있는 훌륭한 방법이다. 믿음에 대해서도 마찬가지다. 우리는 다른 사람들이 자신의 의견에 동의하거나 칭찬해주기를 바라는데, 자기 의견에 자신감을 갖는 것은 이런 목적을 달성하는 데 종종 도움이 된다.

자신의 지식을 부풀리는 경향도 이와 비슷한 면이 있다. 앞서 우리는 이런 경향이 부분적으로는 **빠르고 직관적인 연상적 사고**를 하려는 우리의 타고난 성향과 자신의 편견을 보지 않으려는 마음 때문임을 확인했다. 하지만 무지뿐만 아니라 **무지에 대한 두려움** 역시 중요하다. 우리는 자신이 얼마나 모르는지를 모르고, 아는 것에 대해서는 종종 과대평가하지만, 잘못을 하거나 답을 모른다는 게 어떤 의미인지에 대해서는 잘 알고 있다. 누구도 그런 상황에 처하는 걸 원치 않으며 거기에는 충분한 이유가 있다. 실수를 하면 다칠 수 있기 때문이다. 사회적 보상도 없다. 실수를 하면 상을 받지 못하고, 얼마나 모르는지를 인정하면 승진하지 못한다. 그래서 우리는 다른 사람들에게 그리고 무엇보다 스스로에게 자신이 믿을 만하고 박식하다는 신호를 주려고 노력한다. 이로 인해 인간의 조건은 아주 재미난 아이러니에 맞닥뜨리게 된다. 우리는 알지 못하는 것을 너무 심하게 증오한 나머지 급기야 스스로에게 그리고 다른 모든 사람들에게 우리가 실제보다 더 많이 안다는 확신을 심어주려는 노력까지 하게 되는 것이다.

이는 지적 오만함의 씨앗이 상호작용의 토양에 심겨 있음을 시사한다. 씨앗 중 하나는 무지 그 자체가 아니라 무지에 대한 사회적으로 강화된 두려움이다. 또 다른 씨앗은 자신감 그 자체가 아니라 자신감을 갖고자 하는 사회적으로 강화된 욕구이다. 이 두려움과 욕구가 결합하면, 사람들이 오류를 인정하지 않고 자신이 틀렸을 때마저 항상 옳다는 듯이 행동하도록 독려하는 사회적 토양이 형성된다.

그러므로 지적 오만함은 지극히 사회적인 태도이다. 앞서 보았던 기원도 그렇지만 그 자체도 그렇다. 사실 '노잇올'의 핵심적 특징은 명백하게 사회적이다. '노잇올'들은 다른 사람에게서 배울 게 전혀 없다고, 자신의 세계관은 다른 관점을 가진 사람들이 하는 말에 귀 기울임으로써 더 나아질 게 없다고 생각한다. 전문가가 자신이 가장 잘 아는 일을 할 때 누구의 도움도 필요 없는 것은 당연하다.(비행기 조종사가 비행에 대해 아무것도 모르는 사람에게 비행기 착

류법에 대한 조언을 구하지 않는다고 해서 오만한 것은 아니다.) 하지만 앞서 확인했듯 가장 많이 아는 사람들은 오히려 자신이 아무것도 모른다고 인식하는 경향이 많다. 그래서 전문가들도 때로 추가적인 훈련과 교습을 받는다. 그들은 스포츠든 과학이든 실력을 향상하려면 열심히 노력해야 한다는 사실을 알고 있다.

이 부분을 잘 입증하는 사례는 토머스 릭스Thomas Ricks가 2006년에 펴낸 책《피아스코Fiasco》에서 확인할 수 있다. 이라크전쟁의 발발을 다룬 이 책에서 릭스는 이라크전쟁으로 얼마나 많은 비용을 치르게 될지, 점령한 이라크 지역을 꾸준히 통제하는 일이 얼마나 어려운지, 이를 효과적으로 통제하려면 얼마나 많은 미군이 필요한지에 대해 행정부가 터무니없을 정도로 낙관적인 예상을 내놓자 얼마나 많은 상급 군인들이 경악을 금치 못했는지를 세세하게 다루고 있다. 어느 4성 장군은 이런 우려가 대통령에게 전해지기도 전에 백악관의 고위 관료들에 의해 "날아가버렸고" "무시당했다"고 릭스에게 고백했다.

"대통령 주위의 사람들은 솔직히 말해서 지적으로 너무 오만했습니다"라고 장군은 말을 이었다. "그들은 전후 이라크는 손쉬울 것이고 중동에서 변화를 일으킬 촉매가 될 거라는 사실을 알았습니다. 그들은 지나치게 단순하게 넘겨짚었고 그런 짐작을 검증하려 하지 않았어요. … 그들이 그렇게 했던 이유는 이미 답을 갖고 있었고 자신의 가설을 검증해보려 하지 않았기 때문입니다. 이들은 교육받은 남자였고, 똑똑한 사람들입니다. 하지만 지혜로운 사람은 아니었어요."[21]

이 고백은 지적 오만함의 중요한 특징 중 하나를 보여준다. 그것은 바로 자신의 세계관이 다른 사람의 증거와 경험을 통해 개선될 여지가 없다고 고집하는 태도이다. 더불어 지적으로 오만한 사람들의 두 번째 중요한 특징 역시 보여준다. 진실보다 자존심을 내세우면서도 스스로는 그와 정반대로 하고 있다고 생각하는 것이다. 지적으로 오만한 사람들은 자신이 사실을 파악할 수 있는 더 좋은 위치에 있기 때문에 자신의 관점이 우월하다고 확신한다. 하지만 정작 현실에서 이들의 우월감은 자신의 자부심에 대한 과도한 우려를 반영한다.[22] 이들의 자세는 방어적이다. 오류에 대한 두려움과 존경에 대한 욕구 때문에 권위를 강조하고, 결국 실제로 그런지와 무관하게 자신이 옳다고 고집하게 된다. 이런 방어적인 자세 때문에 그들은 증거를 보지 못할 뿐만 아니라, 자신의 거짓말을 믿어버린다.

이런 사례는 무궁무진하다. 엔론Enron의 "세상에서 제일 잘난 놈들The smartest guys in the room"[엔론 파산 사태를 다론 책이자 동명의 다큐멘터리영화 제목]에서부터 미국을 베트남전쟁에 휘말리게 만든 케네디와 존슨 행정부의 "제일 잘나고 똑똑한 사람들The best and brightest"[케네디 행정부의 학자와 지식인들이 만든 외교정책과 이 정책들이 베트남에 미친 영향을 다룬 책 제목]에 이르기까지 끝이 없다. 지적 오만함은 우리의 눈을 멀게 만들어 실수에 빠뜨린다. 이는 '자만은 패망의 선봉'이라는 다소 잘못된 속담의 핵심이기도 하다. 타당한 자만은 타당한 자신감보다 더 위험하지 않다는 점에서 이 속담은 기만적이다. 하지만 지적 오만함은 위험할 가능성이 있는데, 이는 자존심과 진실을 혼동하기 때문이다. 자신을 '세상에서 제일 잘난 놈' 중 하나라고 보면 자신을 자신만만하고 강하다고 여기고 자신의 관점이 그저 자신의 것이라는 이유만으로 맞을 수밖에 없다고 생각한다. 하지만 자신감은 자신이 이미 모든 사실을 알고 있다고 생각하기 때문에, 명백한 사실을 놓치게 만든다.

지적 오만함의 착각이라는 본성은 어째서 사람들이 자기에게서 그것을 발견하지 못하는지를 설명한다. 하지만 우리는 다른 사람에게서는 그것을 쉽게 찾아낸다. 모든 정치적인 주제를 거론하면서 자신의 견해를 항상 최종 결론이라고 여기는 술 취한 삼촌이 전형적이다. 누구도 추수감사절에 이런 사람 옆에 앉으려 하지 않는다. 이들은 상대방의 경험에 대해서는 거의 아는 바도 없으면서 무엇을 느끼고 생각해야 하는지 잘난척하면서 떠들어대고, 가짜 뉴스가 아닌 다른 어떤 것도 대안적인 관점으로 인정하지 않는다. 그리고 예의 있고 겉으로는 성찰적인 듯하지만 절대 자신의 관점을 바꾼다거나 다른 관점에서 생각해봐야겠다고 인정하지 않는 사람도 있다. 시간이 흐르면 당신은 그 사람이 당신 말에는 적극적으로 귀 기울이지 않고, 그저 자신이 말할 차례만 기다리고 있음을 알게 된다. 다른 사람의 주장을 자신의 개인적 관점으로 재포장할 수 있을 때에만 받아들이는 사람도 어디에나 있다. 이런 사람은 얼핏 새로운 생각에 개방적인 듯 보일 수 있다. 그는 귀를 기울이고 심지어 배우기도 하지만 자신이 다른 사람들로부터 배운다고는 생각하지 않는다. 자신의 믿음은 자신의 천재성에 의해서만 향상된다고 생각하기 때문이다.[23] 우리가 이런 인물들을 아주 쉽게 떠올릴 수 있다는 사실은 지적 오만함이 얼마나 곳곳에 퍼져 있는지를 여실히 보여준다.

다른 사회 지향적 태도들처럼 지적 오만함 역시 인간관계 속에서 나타나고 맥락에 의존한다. 사람들은 어떤 주제에 대해서는 지적으로 오만할 수 있지만 다른 분야의 지식에 대해서는 수용적이고 겸손한 태도를 보일 수 있다. 하지만 지적 오만함은 보통 특정 부류의 사람들이나 특정한 정보원을 겨냥한다. 지적으로 오만한 사람은 우월감을 느끼는데, 이 우월감은 모든 사람을 향해 전반적으로 나타날

뿐 아니라, 어떤 사람 또는 특정 부류의 사람을 겨냥하는 전형성이 있다. 지적 오만함이 정치적으로 중요할 뿐 아니라 곤란하기까지 한 이유는 이 때문이다. 즉 지적 오만함은 파벌적인 성격을 띨 수 있다.

태도에는 종종 전염성이 있다. 어떤 집단이건 거의 모든 태도를 빠르게 공유할 수 있다. 우리가 행복하거나 슬프거나 두려움을 느낄 때 주위의 다른 사람들도 같은 감정을 느낄 수 있다. 하지만 그것이 한 집단에서 공유될 뿐만 아니라 그 내용 면에서 암묵적이거나 무의식적으로 사회적인 성격을 띨 때, 다시 말해서 '우리'의 일부로서 경험되고 '그들'을 겨냥할 때 그 태도는 파벌적인 성격을 띤다. 전체 집단을 향해서 경멸이나 원망의 태도를 취하는 경우가 그렇듯 인종주의적인 태도가 가장 대표적인 사례이다. 지적 오만함은 파벌적일 때 가장 치명적이다. 파벌적인 지적 오만함은 그들이 우리와 비슷하지 않다는 이유로 다른 사람들에게 오만하게 군다는 의미이다. 그들은 공화당원이거나 민주당원이거나 아프리카계 미국인이거나 이민자이거나 무신론자이거나 종교인일 수 있다. 우리는 알지만 '그들'은 모른다. 우리는 그들에게 배울 게 없고 우리의 인지 (또는 특정 주제에 대한 지식 습득) 능력은 우월하며 더 선진적이고 정교하다.

그러므로 파벌적 오만함은 태생적으로 위계적이다. 그것은 비백인에 대한 백인의 오만함, 여성에 대한 남성의 오만함, 이민자에 대한 토박이의 오만함이다. 또한 교육받지 못한 사람에 대한 교육받은 사람의 오만함이기도 하고, 빈자에 대한 부자의, 지역주의자에 대한 범세계주의자의 오만함이기도 하다. 파벌적으로 오만한 사람은 다른 파벌에 속한 사람을 어린아이로 치부하며 이런 이유에서 열등하다고 여기는 사람들의 권리를 부정한 슬픈 역사가 있었다. '열등한' 사람에게는 합리적으로 사고하고 지식을 습득할 능력이 부족하다고 보는 것이다.

이처럼 우리가 다른 사람들을 향해 파벌적인 오만함을 품게 될 때 오만함은 단순한 태도로 경험되는 데서 그치지 않는다. 태도는 왔다가 사라질 수 있다. 화요일에 오만했던 사람이 수요일에는 그렇지 않을 수 있는 것이다. 하지만 파벌적인 오만함은 사고방식에 더 가깝다. 여기서 내가 말하는 사고방식은 자신의 파벌적 확신과 지식, 그리고 그것이 다른 사람들보다 더 우월하다는 태도와 믿음의 집합을 의미한다. 사고방식은 잘 변하지 않는다. 그것은 고정되고 굳어져 좀처럼 흔들리지 않는다. 파벌적인 오만함이 팽배할 때 대단히 위험해지는 것은 이 때문이다.

표현은 다르지만 몽테뉴 역시 이 위험을 익히 알고 있었다. 몽테뉴의 표현에 따르면 자신의 습관과 관습이 우월하다는 식의 오만한 장담은 최악의 인간성으로 이어질 수 있다. "나는 방탕한 내전 때문에 이 잔혹한 악행의 믿을 수 없는 사례들이 만개한 계절에 살고 있다. 고대사에서도 우리가 오늘날 목격하는 것보다 더 극단적인 악행은 찾을 수 없다."[24] 이는 지적 오만함에 대한 몽테뉴의 경고이다. 그것이 한번 파벌적인 양상을 띠면 인간성을 빼앗고 파괴력을 갖게 된다. 이 경고는 약 5세기 전처럼 오늘날에도 유효하다. 이를 유념하려면 이러한 태도를 야기한 사회적 조건뿐 아니라, 당장 우리 문화 안에서 그것을 확산시키는 요인들을 이해할 필요가 있다.

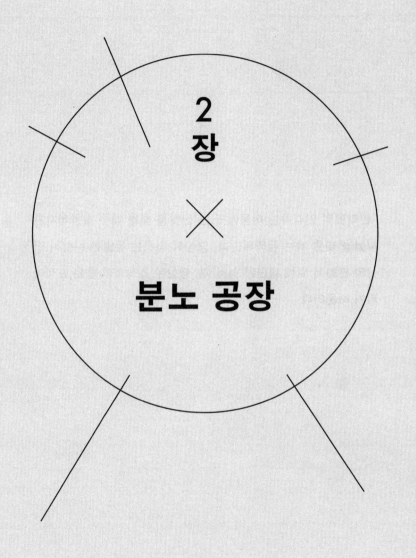

2
장

분노 공장

"인터넷의 인격화는 마음에 드는 신발을 찾을 때는 훌륭하지만 사실을 찾을 때는 끔찍해진다. 당신이 접하는 유일한 사실이 당신의 편견에 맞춰 재단된 것일 때, 당신은 조작하기 좋은 표적이 되기 때문이다."

구글은
다 안다

우리는 많은 것들을 '구글을 통해 안다Google-know.' 인터넷
은 거의 모든 주제에 대한 우리의 정보원이다. 가장 먼저
확인하는 것도, 시시한 주제든 심오한 주제든 논쟁을 종결
하기 위해 마지막으로 확인하는 것도 인터넷이다. 누군가
가 사실의 어떤 부분을 언급했는데 그 방에 있던 나머지 모
든 사람이 자기 스마트폰을 들고 그걸 확인하거나 반박하
는 경험을 누구나 한번쯤 해봤을 것이다. 우리는 여러 형태
의 질문에 대처하기 위해, 심지어는 전문가에게 이의를 제
기하기 위해 일상적으로 구글을 사용한다. 우리는 구글에
서 정보를 찾으며 길을 잃게 될 수 있다는 것을 안다. 하지
만 이 사실이 우리가 구글을 일상적으로 사용하는 것을 막
지는 못한다. 우리는 여전히 구글을 광범위한 주제에 대한

신뢰할 만한 정보원으로 여긴다. 사실 우리 대부분은 많이 생각해보지도 않고 온라인 검색부터 한다. 구글링googling은 세상에 대한 거의 모든 질문에 답을 얻기 위해 취하는 명백하고 즉각적인 첫 단계이다.[1]

구글을 통한 앎에 의존하는 것은 자신이 아는 것을 과대평가하는 인간의 자연스러운 경향을 살찌운다. 주머니에 들어있는 기기 덕분에 우리는 손가락 (또는 엄지) 끝으로 정보의 바다에 접근할 수 있다. 심리학자 매슈 피셔Matthew Fisher가 인터넷 검색과 '속속들이 알고 있다는 착각'의 관계를 연구하면서 밝혀냈듯, 우리는 손에 스마트폰이 있으면 더 박식하다고 느낀다. 피셔는 실험에서 서로 다른 집단에게 "지퍼는 어떻게 작동하는가?" 같은 질문을 다시 던졌다.[2] 첫 번째 집단에는 인터넷 검색으로 자신의 설명을 확인해보라고 부추겼고, 두 번째 집단에는 외부 정보원을 사용하지 못하게 했다. 그러고 난 뒤 각 집단에게 첫 질문과 아무런 관련이 없는 주제(지퍼의 작동 원리와 아무런 관련이 없는 주제)에 대해 자신이 얼마나 알고 있는지 평가해보라고 주문했다. 결과는 어땠을까? 인터넷 검색을 했던 집단은 검색이 허용되지 않았던 집단에 비해 무관한 질문에 대해서도 답을 알아내는 능력이 더 높다고 자평했다. 인터넷 검색만으로도 사람들은 자신이 실제보다 더 많이 안다는 확신을 갖게 되는 것이다. 아직 고민해본 적이 없는 문제마저도 말이다. 인터넷상의 정보에 워낙 쉽고 빠르게 접근할 수 있다 보니 우리는 자신이 얼마나 거기에 의지하고 있는지를 제대로 파악하지 못하고 '자신의 능력을 평가하는 방식을 왜곡'한다.[3] 이 때문에 우리는 실제보다 더 많이 안다고 생각한다. 그리고 물론 그런 자신이 옳다고 확신한다. 구글에서 확인해보라니까!

하지만 구글을 통한 앎에서 그리고 지난 10년간 우리의 온라인 생활 전체에서 가장 중요한 사실은 구글이 우리에게 얼마나 많은 정보를 주느냐가 아니라 구글이 우리가 원하는 바로 그 정보를 준다는 점이다. 사물인터넷Internet of Things은 사실 우리의 인터넷Internet of Us이다. 우리 손가락은 우리가 원하는 사이트를 방문하고, 원하는 앱을 사용하며, 원하는 이미지를 나타낼 수 있도록 페이스북 경험을 조심조심 공들여 만들어내면서, 분주하게 우리의 온라인 생활을 책임진다. 다시 말해서 우리의 온라인 생활은 지극히 인격화되었다. 페이스북, 구글, 우리가 사용하는 앱과 검색엔진, 소셜 플랫폼 대부분이 알고리즘의 차이를 제외하면 기본 작동 방식이 동일하기 때문이다. 그것들은 '좋아요'를, 클릭을, 검색을 또는 친구들을 추적함으로써 사람들의 선호를 쫓는다. 그런 다음 이런 데이터를 분석하고 사용해서 특정인이 지닌 현재와 미래의 선호도를 예측한다. 당신뿐 아니라 당신과 유사한 사람들이 어떤 정보를 재미있다고 생각할지, 어떤 글을 좋아할지, 어떤 링크를 클릭할지를 예측하는 것이다. 이렇게 축적된 선호들은 당신의 검색 결과와 당신이 사용하는 다양한 플랫폼에서 당신이 보는 내용을 좌우하는 데 영향을 미친다. 당신이 살까 생각 중인 신발이 당신의 페이스북 피드에 광고로 뜨는 것은 이 때문이다. 그리고 이와 동일한 알고리즘은 우리가 다음에 무엇을 클릭하고 좋아할지 뿐만 아니라 무엇을 구매할지, 누구에게 호감을 느낄지, 어떻게 투표할지를 예측하는 데도 도움이 된다. 결과적으로 우리의 온라인 삶과 오프라인 삶이 모두 점점 각자의 기존 선호에 맞춰 맞춤복처럼 재단된다.

디지털 플랫폼의 선호 추적 방식은 우리의 점점 심해지는 '노잇올리즘know-it-all-ism'에 한몫하고 있을 가능성이 높고, 심지어 명백해 보이기까지 한다. 그것은 인터넷에 독자적인 어두운 힘이 있기 때문이 아니다. 인터넷은 우리가 이미 믿고 있는 것을 강화함으로써 자신이 아는 것을 부풀리는 인간의 경향에 양분을 공급한다. 구글링은 백만 명이 목청을 높이는 방에 있는 것과 같다. 많은 사람이 이미 믿고 있는 것을 소리쳐 말하며 자신과 가장 유사한 목소리에 귀를 기울이는 일은 그야말로 자연스럽다. 그 결과 구글은 아무리 기이한 것이라 해도, 거의 모든 것에 대해 당신에게 확신을 심어줄 수 있다. 당연히 독단이 판을 치게 된다. 구글을 통한 앎을 가능하게 만드는 메커니즘은 우리가 개인적으로 이미 알고 있는 것을 각자 과신하게 만들 뿐만 아니라, 파벌 차원에서 알고 있는 바에 대해 집단적으로 과신하게 만든다. 인터넷은 우리 각자가 이미 편견에 따라 믿고 있는 정보를 얻을 수 있게 해주고, 다른 고립된 정보망에 자리 잡은 사람들을 제대로 알지도 못하는 악당들이라고 여기게 함으로써 하나의 거대한 강화 메커니즘 역할을 하고 있다.

이런 폐해는 단지 우리가 독단적이고 오만한 사람이 되는 데서 끝나지 않는다. 그로 인해 우리는 '호구'가 되기 때문이다.


## 호두 껍질 밑에
동전이 있을까?


2016년 12월, 에드거 웰치Edgar Welch라는 남자가 자동소총으로 무장하고 워싱턴 DC의 한 피자 가게에 들어섰다. 웰치는 힐러리 클린턴과 다른 민주당 정치인들이 그 식당 지하에서 아동 성매매 조직을 운영한다는 기괴한 음모론을 '자체 수사'하기 위해 그곳에 갔다. 놀랍게도 그 정보는 사실이 아닌 것으로 확인되었다. 지하에 아동 성매매 조직이 없었을 뿐 아니라, 지하실 자체가 없었던 것이다. 웰치가 나중에 〈뉴욕타임스〉에 밝혔듯 "이 정보는 100퍼센트 사실이 아니었다."[4]

그날 에드거 웰치가 워싱턴 DC에 모습을 드러내는 데 원인을 제공한 어두운 환상은 '가짜 뉴스'의 전형이다. 나는 가짜 뉴스를 재미, 이윤, 정치적 목적을 위해 고의성을 띠고 확산된 허위 뉴스라는 의미로 사용한다. 웰치의 해프닝은 가짜 뉴스의 피해 사례로 널리 인용된다. 이 피자 게이트 같은 음모론이나 큐어넌QAnon[웹사이트 〈포챈4chan〉 등을 중심으로 활동하는 익명의 음모론자와 그 팔로워] 같은 훨씬 더 기이한 변형들은 '정보오염'이라는 더 넓은 현상의 한 형태일 뿐이다. 정보오염은 미디어 환경에 잠재적으로 유독한 정보를 퍼붓는 것이다. 정보는 다양한 방식으로 유독할 수 있지만 가장 명백한 방법은 사실과 다르거나(오보), 의도적으로 기만하고 오도하거나(허위 정보), 아니면 전혀 근거가 없는 것이다.

정보오염은 새로운 현상이 아니다. 정보오염을 정치적 목적으로 이용하면서 정당화하는 것도 처음 있는 일이 아니다. 마키아벨리Niccolo Machiavelli는 군주는 항상 기만할 준비가, 그것도 과감하게 그럴 준비가 되어 있어야 한다고 조언했다. 벤저민 프랭클린Benjamin Franklin은 미국뿐만 아니라 해외의 여론을 흔들기 위해, 세네카Seneca 인디언이 영국과 맺은 동맹에 대한 거짓 이야기를 분명하게 주입했다. 러시아혁명이 진행되는 동안 볼셰비키에 대한 저항을 부추기기 위해 1905년경에 처음으로 작성된, 악의적으로 날조된 반유대주의 문서《시온 장로 의정서*The Protocols of the Elders of Zion*》는 오늘날에도 여전히 유통되고 있다.

이처럼 정보는 항상 제국과 전쟁의 주요 수단이었고 앞으로도 그럴 것이다. 사람들의 마음을 원하는 대로 주무르고자 하는 이들이 항상 의지하는 것이 정보의 활용과 오용이다. 그리고 이런 행동의 목적은 거의 변함없이 동일하다. 바로 일반 시민의 정념을 자극해서 독단적이고 가차 없는 태도를 주입하는 것이다. 이런 태도를 주입당한 사람들은 서로에게 가장 비인간적인 일을 저지를 수 있다. 바로 전체주의 체제에서 이런 일이 벌어졌다. 오늘날의 자유민주주의 체제 역시 마찬가지다. 필연적으로 성격은 다르지만 자유민주주의 체제에서도 선동은 효과를 발휘한다.[5]

정보오염이 등에 박힌 칼이나, 귀에 대고 하는 속삭임, 그리고 문자언어 자체만큼이나 오래된 것은 맞지만 오늘날 정보오염은 새로운 황금기를 맞았다. 이는 대체로 선호를 추적하는 디지털 플랫폼의 본성 때문이다. 인터넷의 인격화는 업계에만 좋은 게 아니다. 정치에도 좋다. 러시아의 트롤팜troll farm[악의적인 댓글로 여론을 조작하는 집단], 정치 캠페인, '리서치' 회사(지금은 경멸 대상이 된 케임브리지애널리티카Cambridge Analytica 같은)는 인격화된 인터넷을 이용해서 정치적인 표적 광고를 하고, 사람들이 자신의 정치적 견해를 강화하는 '뉴스'를 공급하는 가짜 소셜미디어 계정에 '좋아요'를 누르고 '팔로우'하게 만든다. 이 때문에 인터넷의 인격화는 마음에 드는 신발을 찾을 때는 훌륭하지만 사실을 찾을 때는 끔찍해진다. 당신이 접하는 유일한 사실이 당신의 편견에 맞춰 재단된 것일 때 당신은 조작하기 좋은 표적이 되기 때문이다.[6]

대부분 정보오염이 거짓말을 하는 것과 마찬가지라서 틀린 거라고 생각하는 경향이 있다. 하지만 이 문제를 거짓말이라는 측면에서만 바라보는 것은 그 위험의 정도를 축소하고 성격을 잘못 이해하는 것이다. 위험은 본질적으로 거짓말이 아니라 기만에서 나온다. 거짓말은 기만과 같지 않다. 거짓말은 듣는 사람을 속이겠다는 의도를 가지고 사실이 아니라고 생각하는 이야기를 고의적으로 하는 것이다. 나는 거짓말을 하지 않고도 당신을 속일 수 있다. (가령 중요한 순간에 침묵하는 것은 기만의 효과를 일으킬 수 있다.) 그리고 속이지 않고도 거짓말을 할 수 있다. 당신이 의심이 많아서 나를 믿지 않거나 내가 하는 말이 내 의도와는 달리 사실인 경우, 어느 쪽이든 당신은 거짓말에 노출되지만 속지 않는다. 당신은 누군가가 사실이 아닌 것을 믿게 되었을 때 기만이 일어난다고 생각할 수도 있다. 철학자들의 말처럼 '기만'은 행위의 '성공'을 의미한다. 하지만 그걸로는 충분치 않다. 기만은 그릇된 믿음 없이도 일어날 수 있다.

옛날 야바위를 생각해보자. 야바위꾼은 호두 껍질 세 개를 보여주는데 그중 하나의 호두 껍질 밑에 동전이 있다. 그는 호두 껍질을 이리저리 움직이며 당신에게 어느 호두 껍질 밑에 동전이 있는지 맞춰보라고 한다. 정상적인 상황이라면 쉬워 보인다. 하지만 그렇지 않다. 야바위꾼은 손기술을 사용해서 당신이 다른 데 정신을 팔게 하고 동전이 있는 호두 껍질이 어떻게 움직이는지 제대로 보지 못하게 한다. 사람은 그릇된 신념 없이도 앎이 부족할 수 있다. 그저 혼동할 수도 있는데, 이런 트릭이 동원될 때가 일반적으로 그런 경우다. 당신은 무슨 생각을 해야 할지 알 수 없어서 그냥 넘겨짚는다. 거짓된 것을 믿음으로써 뿐만 아니라 사실인 것을 믿지 않음으로써도 기만당할 수 있다.

소셜미디어를 이용해서 온라인에 정치적 오보를 퍼뜨리는 행위도 부분적으로는 거대한 야바위일 뿐이다. 선동가들은 자신들이 들이미는 구체적인 내용을 사람들이 실제로 믿는지 관심이 없을 때가 많다. 그들은 빈 호두 껍질 속에 동전이 있다고 믿게 만들 필요가 없다. 그저 당신이 뭐가 진실인지 알 수 없을 정도로 충분히 혼란스럽게 만들기만 하면 되기 때문이다. 이것도 여전히 기만이다. 그리고 그 끔찍한 이윤 추구용 음모 사이트들과 러시아의 후원을 받는 트롤팜들이 소셜미디어에 특히 전문적으로 퍼뜨리는 것이 이런 부류의 기만이다. 일부 사람들은 실제로 그런 포스팅을 믿지만, 훨씬 많은 사람들은 진실에 대해 아주 조금 더 의심을 품고 거리를 두게 된다. 그들은 무엇을 믿어야 할지 알지 못한다.

예전에는 어떤 사람이 터무니없는 거짓을 이야기할 때(가령 '달 착륙은 날조되었다') 대부분의 사람들은 그 말이 사실이라면 지금까지 한 번도 들어보지 못했을 리가 없다며('신뢰할 만한 독립적인 정보원에게 그 말을 들었을 텐데') 추론하고 무시했다. 여과 장치(주로 편집자)가 작동하는 것은 나쁜 것을 걸러내기 위해서뿐만 아니라 진짜 기상천외한 실제 뉴스가 수면 위로 떠오르게 하기 위해서였다. 그런데 인터넷이 이런 식의 추론을 뒤흔들어놓았다. 워낙 많은 사람들이 각자의 고립된 정보망 안에 편하게 자리를 잡고 있기 때문이다. 이제는 전에 한 번도 들어본 적이 없다는 이유로 이상한 주장을 거부하는 사람은 거의 없다. 그들은 이미 자신의 편견에 확신을 심어주는 사이트를 통해서 그 주장이나 그에 가까운 주장을 접해보았을 가능성이 농후하기 때문이다.[7] 이로 인해 사람들은 더 쉽게 가짜 뉴스를 받아들이거나 최소한 거부하지 않게 된다. 사람들은 손쉽게 혼란에 빠진다.

기이한 주장을 받아들이는 경향은 더 교활하게 작동하기도 한다. 그것은 닫힌 마음과 독단을 더 부추기고, 여기에는 묘하게 '합리적인' 이유가 붙는다. 열린 마음의 특성 중 하나는 내 관점을 대체할 수 있는 유의미한 대안들을 진지하게 여기는 것이다.[8] 즉 대안을 살펴보고 사실로 확인되면 자신의 관점을 바꾼다. 사실로 확인되지 않으면 기존 관점을 유지한다. 결국 에드거 웰치가 시도하려고 했던 것도 이런 확인이었으리라. 하지만 그의 사례가 보여주듯 인터넷은 관심을 둘 만한 대안을 너무 많이 양산하며 비정상을 정상화한다. 내가 진실이라고 믿고 싶은 거의 대부분의 관점(가령 민주당 지도부가 워싱턴에서 피자와 함께 아이들을 팔고 있다는 주장)을 뒷받침하는 '증거'가 온라인에 있기 때문이다. 이는 일부 순진한 사람들이 기만당할 수밖에 없다는 뜻일 뿐 아니라, 그 외 사람들도 이제는 기이한 이야기 중에서 무엇에 관심을 가지고 무엇을 무시할지 선택해야 한다는 의미이기도 하다. 이런 기이한 일은 워낙 많기 때문에 때로 우리는 자신이 신뢰하는 출처에서 나오지 않은 이야기는 그 자리에서 무시하는 경우가 많다. 터무니없는 주장들이 워낙 많다(고 최소한 스스로 생각한다) 보니 사실상 대안을 확인하지 않는 것이다. 그 결과 우리가 듣고 싶은 내용만 골라서 전해주는 출처의 뉴스를 읽는 시간만 점점 늘어나게 된다.

이는 풍부한 정보 기술을 갖춘 시대의 가장 슬픈 아이러니 중 하나다. 우리에게 예전보다 훨씬 많은 앎을 허용한 기술이 우리를 닫힌 마음을 가진 독단론자로 바꿔놓는다.

정보오염은 여기에 기여하기는 하지만 유일한 이유는 아니다. 인터넷이 우리의 '노잇올' 문화를 부추기는 또 다른, 더 기본적인 방법이 있다.


확신을 양성하는
신병 훈련소


데이비드 흄의 유명한 철학적 금언 중에 "이성reason은 정념 passion의 노예"라는 말이 있다. 이는 이성이 우리에게 정해진 장소에 어떻게 도달할지를 알려주기는 하지만 어디로 가야 할지는 알려주지 못한다는 의미이다. 우리의 목적지를 알려줄 수 있는 것은 심장뿐이고, 이성은 그 수단을 쥐어준다. 흄 자신은 지적 욕구가 왕성한 사람이었고, 철학뿐 아니라 카리스마와 대화, 문학적 야심으로 유명했으며, 시대를 앞서는 바람에 당대 사람들에게 종종 충격을 안겼다. 흄의 또 다른 중요한 통찰은 인간은 삶에서 정념의 역할에 대해 스스로를 종종 속인다는 점이다. 우리는 사랑과 전쟁에서 감정이 중요하다는 사실을 알면서도 정작 다른 사람들과의 일상적인 상호작용에서는 감정의 역할을 과소평가하며 스스로를 기만한다. 흄은 도덕성 자체는 우리의 '사회적 정념'을 토대로 한다고 생각했고, 종교는 도덕적 규범의 근거와 관련하여 우리를 종종 잘못된 길로 인도한다고 느꼈다. 전반적인 요지를 파악하기만 하면 굳이 그의 견해에 동의할 필요는 없다. 하지만 우리는 사실상 정념의 게임을 하고 있으면서 이성의 게임을 하고 있다고 생각하는 경우가 너무 많다. 그리고 흄의 주장은 우리가 사용하는 기술이, 오만에 빠지는 경향을 어떻게 부지불식간에 살찌우는지 이해하는 데 중요하다.

이를 확인하기 위해 먼저 '정보오염'이라는 표현이 유용하긴 하지만 오해를 유발할 수 있다는 지적부터 해야겠다. 이 은유는 마치 자연처럼, 오염되고 있는 광범위한 정보 문화가 이미 주어져 있고 오염자의 개입이 없으면 순수하다고 가정한다. 하지만 정보를 만들고 전달하는 것은 우리 인간이고, 더 넓은 정보 문화를 구축하고 그 속에서 살아가는 것도 우리다. 인터넷은 우리에게 일어난 어떤 사건이기만 한 것이 아니라 우리가 만들어낸 세상이기도 하다. 훌륭한 선동가라면 다 알고 있듯, 이미 그 속에 깊숙이 숨어 있는 무언가에 호소하지 않고는 사람들의 마음을 장악할 수 없다. 가짜 뉴스 역시 마찬가지다. 우리가 만들어낸 디지털 세상은 우리가 주장하는 것보다 진실에는 관심을 덜 쏟는 우리의 경향을 그대로 반영하고, 파벌적인 확신에 더 오만한 태도를 취하도록 부추긴다. 다시 말해서 우리가 몸담고 있는 정보 문화는 오염되기만 한 것이 아니라 부패했다.

부패는 오염과는 다르다. 오염은 시스템 외부에서 내부를 향해 발생하는 일인 반면, 부패는 시스템 안에서 일어나는 일이다. 사회 시스템이 부패했을 때 나타나는 현상 중 하나는 공식적인 규칙과 실제 규칙이 다른 것이다. 가령 만인을 공정하게 대한다고 주장하지만 실제로는 인종을 근거로 차별할 경우 또는 (경찰이나 판사에게 청탁을 넣는 일 같은) 대가성 행위가 만연할 때 형사사법 시스템은 부패한 것이다. 마찬가지로 참여자 일부가 준수한다고 주장하는 증거와 신뢰성 규칙, 즉 그들의 인지적 원칙이 실제 적용 규칙에 비해 사용 빈도가 떨어질 때면 정보 문화가 부패한 것이다.[9] 이런 현상이 일각에서 말하는 '탈진실post-truth' 문화일 수 있다. 물론 그렇다고 해서 우리가 말 그대로 그 무엇도 진실이 아닌 세상에 살고 있는 것은 아니다. 진실은 예전과 마찬가지로 존재한다. 단지 정보 문화가 너무 부패해서 진실과 증거에 대한 자기기만적인 태도를 용인하고 부추기는 것뿐이다. 오늘날의 정보 문화는 진실보다는 확신에 더 많은 관심을 갖도록 부추기면서 말은 그와 반대로 하도록 만든다.

나쁜 신념이 온라인에서 어떻게 표현되는지를 보여주는 작지만 강력한 예로 일부 사람들이 피자 게이트 이야기에 보인 반응을 들 수 있다. 이야기는 아주 구체적이었다. 힐러리 클린턴이 워싱턴 DC에 있는 한 피자 가게에서 섹스를 위해 아이들을 판매하고 있다는 것이었다. 이 이야기는 널리 유통되었다. 에드거 웰치가 천하무적 액션 배우 흉내를 내던 즈음에는 이미 몇 달간 다양한 극우 집단에서 이 이야기가 돌던 상황이었다. 웰치는 입소문을 통해 그 소식을 접했고, 깜짝 놀라서 인터넷에 들어가 동영상을 보고 기사를 읽으면서 '확인'한 것으로 전해졌다. 인터넷에서 본 모든 기사들은 어떤 구체적인 장소에서 아동 착취가 실제로 벌어지고 있다고 주장했다.

그러면 한번 자문해보자. 정말로 이런 일이 벌어지고 있다고 믿는다면 당신 역시 무언가 하려고 하지 않았을까? 실제로 행동에 들어간 사람들이 있었다. 피자 가게 건너편에서 사람들 몇 명이 피켓을 들고 서 있는 정도이긴 했지만 산발적으로 작은 규모의 시위도 있었다. 살해 위협도 많았다. 피자 가게 주인과 직원만이 아니라 그 블록 아래위에 있는 업체의 주인과 직원까지 표적이 되었다. 당연히 기이하고 의심할 나위 없이 무서운 일이다. 하지만 공공시설에서 아동 성매매가 벌어지고 있고 이 사실을 이미 수백만 명이 알고 있다면 이를 막기에 살해 위협은 특별히 효과적인 방법이 아니다. 그리고 살해 위협은 가장 일반적인 반응도 아니었다. 이 뉴스를 믿는다고 주장하는 사람들의 가장 일반적인 반응은 그냥 그 뉴스를 전달하고 반복 재생하고 그걸 바탕으로 다른 입장을 만들어내는 것이었다.

이보다 훨씬 흥미로운 것은 웰치의 피자 가게 습격을 지켜본 일부 극우 미디어 집단 내부의 반응이었다. 이 반응은 아주 익숙한 방식이었다. 극우파들은 에드거 웰치가 '위기 전문 배우crisis actor'라는 주장을 유포하기 시작했다. 즉, 그가 극우 보수주의자들을 난처하게 만들기 위해 총을 들고 피자 가게에 들어가서 좌파의 정치적 이익에 맞춰준 대가로 돈을 받았다는 것이다.[10] '위장 습격'에 대한 이와 유사한 비난은 이제 미국에서 총기 난사 사건이 발생하면 의례적으로 되풀이되고 있다. 더 이상 아닌 밤중에 홍두깨 같은 일이 아니다. 1960년대의 민권운동 시위자에게도 종종 고용된 배우라는 혐의가 씌워지곤 했다. 음모론이 제기되면 이런 부류의 광기는 막을 재간이 없다고 말할 수 있다.

하지만 에드거 웰치의 경우는 조금 다르다. 웰치에 대한 이런 비난은 기묘한 구경거리를 제공했을 뿐만 아니라, 우리가 미디어 환경을 부패시키는 한 가지 방법을 알려준다. 그 뉴스를 믿는다고 주장했던 트럼프 지지자들이 이제는 바로 그 사실, 그러니까 그들이 뉴스를 믿었다는 사실에 '가짜 뉴스'라는 꼬리표를 달고 있었다. 그들은 자신들과 비슷한 어떤 사람이 자신들이 조치가 필요하다고 꾸준히 말했던 뉴스를 근거로 바로 그 조치를 취했다는 사실을 부정하고 싶어 했다. 이는 실천에 대한 나쁜 신념이자 지적 오만함이다. 그리고 이는 허위 정보가 오염뿐만 아니라 부패를 어떻게 조장할 수 있는지를 보여준다.

하지만 미치광이 음모론자들만 정보 문화를 부패하게 만든다고 생각하면 심각한 오산이다. 어느 정도는 우리 모두, 최소한 소셜미디어를 하는 사람들 모두가 거기에 기여한다. 앞서 지적했듯 우리가 따른다고 생각하는 '공식적인' 규칙과 운영 규칙이 다를 때 그 시스템은 부패했다고 진단할 수 있기 때문이다. 이성보다는 정념의 전달 수단으로 기능하도록 설계된 소셜미디어에서 종종 벌어지는 일이다.

이 사실은 우리가 흔히 인지하지 못한 방식으로 드러난다. 온라인에서 이루어지는 소통 행위를 생각해보라. 이책을 읽고 있는 독자를 비롯하여 많은 사람이 페이스북에서 뉴스를 포스트하거나 공유한다. 뉴스 포스팅은 소통 행위라고 볼 수 있다. 우리의 가장 일반적인 소통 행위는 말을 통해 이루어지지만 메모, 편지, 페이스북과 트위터 포스트 같은 글 역시 중요하다. 소통 행위는 다양한 형태를 취한다. 질문을 할 수도 있고('문 닫았어?') 명령을 할 수도 있고('문 닫아!') 확신을 가지고 설명을 할 수도 있다('문 닫혔어'). 때로, 아니 사실상 자주 우리는 한 번에 한 가지 이상을 하기도 한다. 여러 명이 저녁을 먹으러 어디로 갈지 고민하고 있을 때 내가 어떤 식당의 음식이 아주 맛있다고 말하는 경우가 그렇다. 이런 상황에서 나는 한 번에 몇 가지 소통 행위를 수행하는 셈이다. 그곳의 음식이 맛있다고 주장하고, 그

곳을 식사할 장소로 추천하고, 그곳에서 식사를 할 가능성에 대한 기대감과 갈망을 드러내는 것이다.

우리가 온라인에 미디어의 뉴스를 공유할 때, 특히 의견을 덧붙이지 않고 공유할 때 일반적으로 이와 유사한 일을 하는 것으로 (다른 사람들과 우리 자신에게) 보이게 된다. 우리는 다음 소통 행위 중 하나 또는 두 가지 모두를 하는 것으로 보인다. 보통은 제목(가령 "힐러리 클린턴, 러시아를 위해 일하고 있다는 의혹")으로 압축되는 어떤 주장이 정말 문제라며 이를 뒷받침하는 증거를 제시하려는 것일 수 있고, 어떤 정보가 관심을 쏟거나 믿을 만한 가치가 있다고 지지 및 추천하고 나아가 이를 포스팅하며 논평하려는 것일 수 있다('모두가 이 글을 읽어야 해!').

물론 우리가 뉴스를 포스팅하면서 이런 일만 하는 것은 아니다. 때로는 그 뉴스를 사실상 지지하지 않기도 한다. 재미있다고 생각해서, 정말로 멍청하다고 생각해서, 아이러니하다고 생각해서 공유하기도 한다. 이 행동의 목적은 사람들에게 기분을 표현하는 것이다. 즐거움을, 아이러니가 야기한 거리감을, 좌절감을 말이다. 사실과 관련된 무언가를 전달하려는 게 아니다. 하지만 이런 경우가 전형적이지는 않다. 대부분의 사람들은 이 경우 자신의 공유 행위를 지지로 이해해서는 안 된다는 의사를 어떤 식으로든 표현해야 할 의무감을 느낀다는 점이 이를 뒷받침한다. 가령 트위터상에서 자신의 프로필 페이지에 "내가 리트윗을 했다고 그것이 지지를 뜻하는 것은 아니다"라고 명시하는 사람들이 종종 있다. 이런 선언이 성립하는 것은 공유는 지지이다가 기본 가정이기 때문이다.

그러므로 공유는 일반적으로 우리에게는 어떤 주장 또는 그 주장에 대한 지지처럼 보인다. 하지만 이 인상이 그냥 인상에 불과하다면? 겉보기에만 그럴 뿐 실제로 그렇지 않다면? 온라인 소통의 기능에 혼란이 있었던 것일 뿐이라면? 뒤에서 밝히겠지만 사실 혼란이 있었다고 생각할 만한 여러 이유가 있다.[11] 이 이유는 우리가 온라인에서 내용을 공유할 때 하는 행동과 하지 않는 행동 모두와 관련이 있다.

우리가 하지 않는 행동부터 시작해보자. 최근의 연구에 따르면 온라인에 공유된 뉴스 중 최소 60퍼센트가 그것을 공유한 사람마저 읽지 않은 것으로 추정된다. 가령 2016년 컬럼비아대학교 연구자들은 두 가지 데이터 집합의 교차점을 재치 있게 연구함으로써 이런 결론에 도달했다.[12] 첫 번째 데이터 집합은 한 달 동안 다섯 곳의 주요 뉴스 사이트에서 트위터로 공유된 기사들로 이루어졌다. 해당 사이트의 기사 링크를 포함한 트윗을 추적했다. 두 번째 데이터 집합은 단축된 링크 집합에 연결되는 같은 기간 동안의 클릭 수로 구성되었다. 데이터 집합의 수는 어마어마했다. 공유된 기사는 280만 건, 잠재적인 조회 수는 750억 회였고, 클릭 수는 약 1천만 번이었다. 연구자들은 이 상관관계를 파악하고 편향을 수정하는 방법론을 설계한 뒤, 뉴스 기사를 트윗한 사람 열 명 중에서 실제로 그 기사를 읽은 사람은 네 명에 불과하다는 사실을 알아냈다.[13] 연구에 참여한 한 저자는 이 상황을 한마디로 요약했다. "사람들은 기사를 읽기보다는 공유하는 데 더 관심이 있다."[14]

우리가 하지 않는 행동이란 공유하는 글을 읽는 것이며, 우리가 실제로 하는 행동이란 사람들을 짜증 나게 만드는 내용을 공유하는 것이다. 연구에 따르면 공유의 가장 좋은 예측 변수는 강렬한 감정이다. 애착(귀여운 아기 고양이에 대한 포스트를 생각해보라) 같은 긍정적인 감정과 분노 같은 부정적인 감정 두 가지 모두 해당된다. 어떤 연구는 도덕과 관련된 감정이 특히 효과가 크다는 것을 보여준다. 트위터상에서 도덕적 감정을 불러일으키는 글은 공유될 가능성이 20퍼센트 더 높다.[15] 그리고 소셜미디어는 실제로 분노라는 감정을 강화하는 경향이 있다. 오프라인에서라면 그렇지 않을 행동도 온라인에서는 많은 공분을 자아낸다. 온라인에서 감정이 격해지는 이유 중 하나는 분노를 표출하는 사회적 편익(가령 파벌 내 유대감 증대)이 존재하고 어쩌면 더 큰 반면, 분노를 표출하는 데 따르는 위험은 적기 때문일 수 있다. (인터넷상에서는 누군가에게 고함을 친다고 해서 상대방이 폭력적으로 반격하기가 힘들다.) 게다가 분노는 그 자체로 후련함을 안길 수 있다. 우리의 디지털 플랫폼은 포스팅의 공유와 노출 횟수를 극대화하도록 설계되어 있으며 분노 역시 그렇기 때문에 인터넷이 분노의 확산을 양산하고 조장하는 훌륭한 메커니즘인 것은 당연하다. 신경과학자 몰리 크로켓Molly Crockett의 표현처럼 "도덕적 분노가 화염이라면 소셜미디어는 휘발유다."[16]

우리가 '공유하기'를 통해 하고 있는 행동과 하지 않은 행동을 종합해보면 공유라는 소통 행위의 **주요 기능**이 사실 우리가 일반적으로 생각하는 것처럼 주장이나 지지라는 말을 믿기가 어려워진다.[17] 내가 말하는 소통 행위의 '주요 기능'이란 그 행위가 꾸준히 지속되는 이유에 해당된다. 자유투를 던지려는 농구 선수에게 "에어볼!"[림이나 백보드에 전혀 닿지 못한 공] 하고 외칠 때 주요 기능은 집중을 방해하는 것이다. 물론 사람들을 즐겁게 하려는 의도이거나 실제로 에어볼이 되어버린 상황을 설명하는 것일 수도 있지만 사람들이 계속해서 "에어볼!" 하고 외치는 이유는 선수의 집중을 방해하려는 의도 때문이다. 농구 경기를 처음 접한 사람이라면 반대로 오해할 수도 있다. 사람들이 선수에게 경고를 하고 있거나, 슛이 어떻게 떨어질지를 예측하고 있다고 생각할지 모른다. 이런 해석은 그 행위의 주요 기능을 오해한 것이다.

소셜미디어에서도 이런 일이 대대적으로 벌어지고 있

다. 막 설명한 것처럼 우리는 농구 경기를 처음 접한 사람과 같다. "에어볼!"이 무언가를 설명하거나 예측하려는 의도를 담고 있다고 생각하는 것이다. 하지만 그렇지 않다. 달리 말해서 우리는 실제로는 전혀 다른 규칙에 따라 플레이를 하고 있는데, 주장과 동의라는 규칙에 따라 플레이하고 있다고 생각하는 상황이라 할 수 있다. 우리는 정보를 전달하기 위해 뉴스 기사를 공유한다고 생각하지만 많은 경우 의식적으로 어떤 생각을 하든 간에 정보를 전달하기 위한 노력은 사실상 전혀 하지 않고 있는 것이다. 실제로 그렇게 하려 했다면 자신이 공유하는 기사를 읽었을 것이다. 하지만 우리 대부분은 그렇게 하지 않는다. 그러면 우리는 무엇을 하고 있는 걸까?

온라인에서 내용을 공유하는 행위의 주요 기능은 우리의 감정적 태도를 전달하는 것이라고 보는 그럴싸한 가설이 있다. 특히 정치적인 기사의 경우 우리는 자신의 분노를 드러내고 그것을 널리 알리기 위해 그리고 다른 사람의 분노를 끌어내기 위해 기사를 공유하는 경우가 많다. 크로켓의 지적처럼 도덕적인 분노 같은 태도의 표현은 파벌이 만들어지고 사회적 규범이 이행되는 방법의 일환이다. 소셜 미디어는 분노 공장이다. 역설적이게도 그 공장이 돌아가는 이유는 대부분의 사람들이 그 사실을 모르고 있거나 알고 싶지 않아 하기 때문이다. 하지만 **트롤팜과 가짜 뉴스 산업**

복합체의 종사자에게 이런 무관심은 대단히 유용하다. 가짜 뉴스 공급 업체들은 우리가 공유를 할 때 우리 자신이 하고 있다고 생각하는 것과 좀처럼 다른 행동을 하고 있다는 사실을 분명하게 의식한다.

바로 이 지점에서, 앞서 언급했던 흄의 주장이 힘을 얻는다. 흄과 그를 추종하는 철학자들이 공들여 설명했듯 인간은 자신의 소통 행위를 자주 오해한다. 일상적인 발화에서 오해가 일어나는 이유 중 하나는 동일한 단어를 이용해서 아주 다양한 종류의 말하기와 행위를 할 수 있기 때문이다. 다시 말해 서로 다른 소통 행위를 할 수 있기 때문이다. '유감입니다'라는 문장은 '내가 한 일에 대해 사과합니다'라는 의미일 수도 있지만, 그저 상실을 경험한 누군가에게 공감의 감정을 표현하는 것일 수도 있다. 후자의 경우는 위로의 마음을 담아 어깨에 손을 얹는 행동이나 '그래, 그래'라는 표현과 비슷하다. 이것은 우리가 관심을 쏟고 있음을 표현하는 방법이다. 한 가지 단어를 가지고 할 수 있는 온갖 것들을 고려하면 우리가 때로 혼란에 빠지는 건 당연하다. 특정 표현 수단이 한 가지 목적을 위해 사용될 거라 생각하고 되뇌지만, 정작 그것이 다른 목적으로 귀결되는 상황은 충분히 가능하다.

20세기 중반 흄이 고취한 철학 운동은 우리의 모든 도덕적 사고와 대화가 이 범주에 속한다고 진단했다. '표현주의expressivism'라는 적절한 명칭의 이 관점을 지지하는 사람들은 도덕적 언어의 목적은 그 단어를 설명하는 것이 아니라고 주장했다. 사형 제도가 틀렸다는 발언은 사형 제도의 어떤 특성을 설명하려는 것이 아니다. 그것은 날씨가 포근하다는 설명과 다르다. 이 관점에 대해 도덕적인 판단을 할 때 우리의 진짜 목적은 감정과 태도를 드러내는 것이다. 그리고 이를 통해 다른 사람들이 비슷한 감정을 느끼도록 유도하는 것이다. 그러므로 표현주의자들은 '사형 제도는 틀렸다' 같은 발언이 맞다 또는 틀렸다고 생각하는 것은 잘못이라고 주장했다. 애초에 맞는 말이 되도록 하는 것이 발언의 진짜 목적이 아니기 때문이다. 그것은 (성공 여부와 관계없이) 사실을 진술하려는 시도가 아니라 자신과 세상사에 대한 우리의 기분을 표현하는 한 방편이다. 어떤 점에서 이는 '사형 제도, 우우' 하는 야유에 더 가깝다. '우우!'나 '야호!' 같은 감탄사는 사실을 진술하려는 시도가 아니다. 우리는 이런 감탄사를 통해 자신을 표현하지만, 다른 사람의 감정적 반응을 이끌어내고 서로의 유대를 강화하고 싶어 하기도 한다. 지식과 이성은 안중에 없다.

초기의 들뜬 창조의 순간에 많은 철학적인 관점이 그렇듯 정통 표현주의는 도를 넘었다. 도덕적 판단이 종종 자기표현처럼 보일 때가 있긴 하지만, 이 도덕적 표현을 가지고 우리가 정말로 옳다고 생각하는 바를 설명할 수도 있다.

(때로 자기 표현과 옳다고 생각하는 바에 대한 진술은 동시에 일어난다.) 이것은 이분법적인 상황이 아니다. 그래서 원래의 정통 표현주의는 도덕적인 소통의 표현적인 측면에 대한 좀 더 섬세한 관점으로 대체되었다.[18] 그럼에도 이 관점에는 분명히 타당한 부분이 있다. 흄이 우리에게 일깨우듯 우리는 종종 도덕적인 생활에서 마음의 힘을 무시하기 때문이다. 어쨌든 표현주의의 입장이 모든 도덕적 판단에 맞아떨어지지는 않아도 온라인에 내용을 공유할 때 벌어지는 상황에 대해서는 대단히 그럴듯한 설명을 제공한다. 사실 표현주의식 설명은 특히 온라인에서 그럴싸하다. 디지털 플랫폼은 감정적인 정서를 전달하도록 의도적으로 설계되어 있기 때문이다. 플랫폼 설계자들은 이런 정서가 특정 포스트가 얻는 관심의 양을 증대하고 재공유 횟수를 늘린다는 사실을 알고 있다. 그리고 어떤 결과를 낳든 그것은 돈이 된다.

그렇다고 우리가 소셜미디어상에서 사실을 지지하고 주장하지 않는다는 말을 하려는 것은 아니다. 당연히 우리는 사실을 지지하고 주장한다. 자신이 읽은 내용을 공유하는 일각의 사람들이 그러는 것처럼 말이다. 게다가 우리가 읽고 공유한 포스트 중 **특정 부분**인 제목을 지지 또는 주장하는 거라고 여길 수도 있다. 농구 경기에서 "에어볼!" 하고 외치는 경우처럼 온라인에서 벌어지는 소통 행위는 동시에 많은 일을 할 수 있다. 하지만 내가 의사소통 행위의 주요 기능이라고 부르는 것을 이해하려면 그 행위가 지속적으로 수행되는 이유를 살펴볼 필요가 있다. 온라인에 콘텐츠를 공유하는 경우 그 이유는 감정적인 태도, 특히 파벌적인 태도를 표현하는 것이다. 왜 그럴까? 분노 같은 감정적이고 파벌적인 태도의 표현은 그것이 이끌어낸 공유와 '좋아요'의 숫자로 보상받기 때문이다.

이 같은 온라인 소통의 표현주의적인 속성은 우리가 태도의 공유를 통해 믿음과 확신을 형성한다는 사실과도 맞아떨어진다. 일례로 팀의 결속을 다지기 위한 '팀빌딩 team-building' 활동과 비교해보자. 팔을 벌린 채 기다리는 동료를 믿고 뒤로 떨어지기 같은 활동을 떠올려보라. 이런 활동의 직접적인 목표는 정보 전달이나 설득이 아니라 동료와의 감정적 유대 형성이다. 하지만 모든 상황이 잘 맞아떨어질 경우 이런 활동은 우리의 믿음에 부수적인 영향을 미칠 것이다. 팀 구성원을 신뢰하는 법을 배우는 과정에서 우리는 이 팀에 속하고 싶다고 믿게 된다. 신병을 훈련시키는 동안에도 이와 비슷한 일이 벌어진다. 신병이 거치는 많은 훈련의 목표는 신뢰와 자신감을 쌓는 것이다. 하지만 전쟁이 벌어지면 적에 대한 증오를 심어준다는 목표 역시 추가된다. 이 목표에도 부수적인 영향이 있는데, 그것은 바로 군인들이 자기가 올바른 편에서 싸우고 있다는 믿음을 갖게 되는 것이다.

소셜미디어는 확신을 양성하는 신병 훈련소와 비슷하다. 자신감을 북돋고, 자신이 속한 집단에 대한 신뢰를 증대하고, 적을 증오하게 만든다. 하지만 그 과정에서 조작의 유혹에 취약해지고 '노잇올'로 치닫기 쉬운 태생적인 성향이 양분을 공급받는다. 물론 우리는 증거와 데이터에 호소하며 합리성이라는 규칙에 따라 플레이를 하고 있다고 생각한다. 하지만 실제로 우리가 따르는 것은 자기 표현과 사회적 상호작용을 관장하는, 그리고 주로 학교 운동장이나 짝짓기 게임, 회사 탕비실에서 이루어지는 쑥덕공론의 규칙들이다. 이런 규칙들은 증거가 무엇을 뒷받침하고 뒷받침하지 않는가보다 감정적인 반응을 생성하고 수용하기, 파벌적인 유대 다지기, 사회적 지위 확대하기에 더 많은 관심을 둔다.[19]

감정적인 반응에 대한 이런 강조는 어쩌면 명시적으로 감정적 유대를 목표로 하는 페이스북에서 가장 두드러지게 나타난다고 볼 수 있다. 페이스북이 우리가 다른 사람들과 공유한 포스트에 어떻게 반응하라고 부추기는지 생각해보자. 예전에는 어떤 포스트에 '좋아요'를 누르거나 누르지 않거나 두 가지였다. 하지만 이제는 몇 가지 다른 반응을 선택할 수 있는데, 각각은 기본적인 감정으로 찌푸린 얼굴, 행복한 얼굴, 놀란 얼굴, 그리고 물론 화를 내는 얼굴 같은 쉽게 알아볼 수 있는 이모티콘으로 표현된다. 내가 직접 사용해본 경험에 따르면 이런 이모티콘들은 공유된 글을 생각하는 방식에 큰 영향을 미치고, 다른 사람들의 경우도 대체로 별반 다르지 않은 것 같다. 일단 내가 속한 네트워크 안에 있는 사람들이 어떤 포스트에 반응하면서 선택한 이모티콘들은 나 자신의 반응에 강하게 영향을 미칠 수 있다. 이 영향은 오프라인상에서 사회적 압력이 미치는 영향과 비슷하다. 직장에 있는 모든 사람이 어떤 사람이 하는 말이나 행동을 싫어할 경우 이와 다른 반응을 하기가 힘들다. 마찬가지로 내 친구들 모두가 어떤 뉴스 기사에 분노를 표출할 경우, 나 역시 동조하지 않으면 어색한 기분을 느낄 수 있다. 그런 요소와는 무관하게 내가 선택한 이모티콘은 내가 그 포스트에 댓글을 남길 경우, 어떤 글을 쓸지에 영향을 미칠 수 있다. 가령 내가 화난 이모티콘을 선택하고 나서 문제의 글이 내게 많은 생각을 하게 해주었다는 댓글을 남기기는 대단히 힘들 것이기 때문이다.

이제 한 가지 사고실험을 해보자. 우리가 새로운 뉴스 기사나 사실에 대한 어떤 주장을 공유할 때 이모티콘 대신 '증거가 있음' '증거가 없음' '정보가 더 필요함'이라는 세 종류의 버튼 중에서 하나를 선택할 수 있다고 상상해보자. 인간의 가장 기본적인 감정을 겨냥한 이모티콘 대신 이런 선택지가 무언가를 어떻게 공유하고 공유하지 않을지에 어떤 영향을 미칠까?

지나치게 낙관적일 수는 있겠지만 최소한 일부는 성찰이나 사고를 더 많이 하게 될 수 있다. 어쩌면 읽지 않은 글을 공유하고 싶은 생각이 줄어들 수도 있다. 사람들의 반응이 분노나 기쁨보다는 소통을 위해 그 글이 전달하는 증거에 더 많이 의지한다고 생각할 것이기 때문이다. 그렇게 되면 어떤 사람들은 의심이 많아지고 더 겸손해질 수도 있다. 하지만 기본적인 디지털 경제가 바뀌지 않는 이상 결국 우리는 이 세 버튼을 모두 감정적으로 취급하게 되리라는 것이 나의 가설이다. 오래전 표현주의자들도 예측했겠지만 결국 우리는 증거의 언어를 가지고 의견을 검토하는 게 아니라 감정을 표출하게 될 것이다. 사람들의 감정을 이용해서 읽지도 않은 글을 '증거가 있음'이라고 평가하게 만들 수 있을 것이다. 그리고 가짜 뉴스를 퍼뜨리고 증거를 속이는 데 가담하게 될 수도 있다. 그러므로 우리가 바랐던 만큼 성과가 크지 않을 것이다.

하지만 사고실험 과정에서 관념화되긴 했지만 중요한 사실 하나가 부각된다. 소셜미디어 플랫폼의 겉모습을 바꾸는 것만으로는 도움이 되지 않는다는 사실이다. 그 바탕이 되는 경제가 성찰보다는 강렬한 감정 표현에 보상을 제공한다는 사실을 무시하는 한, 우리는 이런 플랫폼에서 이루어지는 수많은 소통의 진정한 본성에 대해 계속해서 스스로를 기만하게 될 것이다. 의도하든 그렇지 않든 부패한 정보 문화에 계속 기여하게 될 것이다. 비평가들이 가짜 뉴스를 퍼뜨리고 있다고 투덜대면서 이 부패를 즐기고 우리의 순진함을 이용하는 정보 오염자들에게 스스로를 취약하게 내보일 것이다.

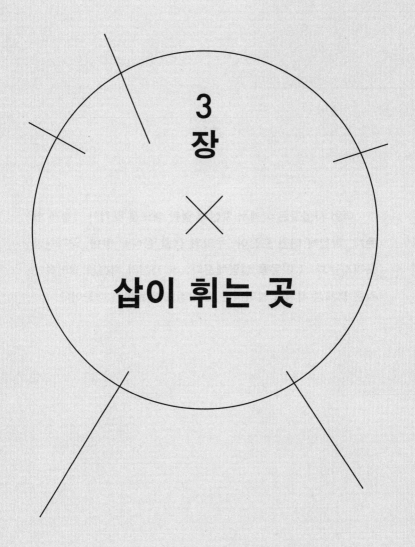

3
장

삽이 휘는 곳

"… 이런 사실들은 어째서 확신에 열린 태도를 갖기가 그렇게 힘든지, 확신에 대한 도전이 '우리의 생활 방식을 향한' 공격처럼 느껴지는지 그 이유를 설명해준다. … 자신의 확신을 방어하는 것은 정체성 자체를 방어하는 것과 비슷한 일이기 때문이다."

마음 깊은 곳의
기반암

인간의 삶에는 우리 대부분이 인정하면서 동시에 깊은 우
려를 자아내는 어떤 긴장이 있다. 바로 열린 마음과 뚝심 사
이의 긴장, 기꺼이 확신을 바꾸는 태도와 굴하지 않고 버티
는 태도 사이의 긴장이 그것이다. 이런 긴장은 정치 현장에
서 흔하게 나타난다. 변화에 열린 태도는 일반적으로 정치
인의 자질로 환영받지 못하지만 대부분의 사람들은 동시에
그들의 정부가 변화하는 환경에 적응하기를 바란다. 이 긴
장은 우리의 근원적인 전념이 시험대에 오를 때면 언제든
개인의 삶에도 불쑥 나타난다. 모든 사람이 스스로를 열린
마음과 지적인 겸손의 소유자라고 생각하고 싶어 하지만
사실 대부분의 사람들은 중요한 문제에서 마음을 바꾼다는
생각을 불편해하고 심지어는 도덕에 반한다고 여기는 것이

냉엄한 현실이다.

어떨 때는 의견을 바꾸는 것이 이성적으로 불가능해 보일 수도 있다. 철학자 루트비히 비트겐슈타인Ludwig Wittgenstein이 한때 지적했던 것처럼 이성이 고갈되고 "우리의 삽이 기반암에 닿아 휘는" 때가 있다. 우리는 가장 깊은 확신에 대해 이렇게 생각한다. 즉 우리의 세계관이 자리 잡고 있는 토대라고 보는 것이다. 그 토대는 경관의 일부이자 우리의 준거틀이고 "우리가 진실과 거짓을 구분할 때 배경" 역할을 하는 "세상에 대한 심상"이다.[1] 이 토대를 거부한다는 것은 그 심상을 완전히 바꾸거나 심지어는 그것을 완전히 지워버려서 옳고 그름을 판별할 능력마저 남지 않은 상황을 뜻할 수 있다.

비트겐슈타인은 세계관을 근본적으로 바꾸는 것이 어떤 의미인지를 개인적으로 잘 알았다. 어쨌든 이 철학자는 1921년에 출간한 논리적인 장편 시 같은 첫 번째 책으로 철학의 모든 문제를 근본적으로 해결했다고 선언한 바 있었기 때문이다. 그가 보기에 문제의 핵심은 사고와 세계 모두의 비밀스러운 논리 구조를 이해하는 것이었다. 비트겐슈타인은 의미 있는 일체의 모든 지식은 그것을 토대로 삼는다고 생각했다. 하지만 몇 년 뒤 그는 자신의 말을 번복했고 초기의 연구는 그 자체가 언어와 세계의 관계를 그리고 사실상 철학 그 자체의 핵심을 근본적으로 잘못 이해한 데서 출발했다며 자아비판했다.

이후 비트겐슈타인은 논리 구조보다는 우리가 언어를 가지고 무엇을 하는지가 더 중요하다는 생각을 하게 되었다. 그는 지식이 논리의 확실성에 토대를 둘 가능성 자체를 의심했다. 사후에 출간된 후기 연구에서 그는 철학적 정당화의 탐색은 항상 끝이 있다고 주장했다. "하지만 그 끝에 있는 것은 우리에게 즉각 진실로 다가오는 명제라기보다는, 즉 우리의 일부로 볼 수 있는 것이라기보다는 밑바닥에 있는 우리의 **행동**이다."[2] 그는 우리가 믿음의 '근거 없음'을 받아들이는 법을 배워야 한다고 생각했다.

비트겐슈타인의 이런 주장은 정치의 독단과 오만함과 싸우고자 하는 모든 시도에 내재한 근본적인 문제를 드러낸다. 앞서 확인했듯 소셜미디어는 자기 확신에 대한 우리의 자연스러운 집착을 강화할 수 있다. 하지만 근본적인 준거틀에 도전하는 모든 생각에 반감을 갖게 만드는 더 심원한 어떤 것, 즉 **확신** 자체의 **본성**과 관련된 어떤 것이 있을 수 있을까? 우리가 변화에 저항하는 이유는 논리 때문이 아니라 후기 비트겐슈타인의 생각처럼 그저 기존의 삶의 형태를 포기할 수가 없기 때문일까?

## 확신은 자아상을
## 반영한다

시인 랠프 월도 에머슨Ralph Waldo Emerson은 "열정 없이는 좋은 것을 손에 넣지 못한다"라는 금언으로 유명하다. 그리고 여기에 "열정이 없으면 나쁜 것 역시 성취하지 못한다"라는 말을 덧붙일 수 있을 것이다.[3] 에머슨이 말한 '열정enthusiasm'은 단순히 즐거운 참여를 넘어서 중요한 것에 충분한 동기를 제공하는 감정적 전념emotional commitment을 의미한다. 의미상 '확신conviction'과도 상당히 유사하다. 확신은 행동의 원천이지만 어떤 신조의 결과이기도 하다.[4] 어떤 선동가든 유권자를 자극하려면 이데올로기, 즉 사람들이 동일시할 수 있는 무언가에 호소하는 편이 좋다고 말할 것이다. 유권자들이 단순한 믿음을 넘어서 전적으로 전념하게 만드는 것이 중요하다.[5]

확신에 감정적 요소가 따라오는 것은 이 때문이며, 우리는 이것을 '확신이라는 감정'이라고 부른다. 그 감정이 당신 역시 믿는 어떤 것을 향할 때는 자신감이 되기도 한다. 그것은 좋은 감정이다. 옳은 것이라서 좋기도 하지만 그저 당신이 옳다는 기분을 느끼게 해주기 때문에 좋기도 하다. 민주주의의 위태로운 상태를 걱정하는 사람들에게 예이츠 William Butler Yeats의 오랜 시구가 여전히 반향을 불러일으키는 이유는 이 때문이다. '최고'는 자기 의심에 가득 차 있는 경우가 빈번한 반면, '최악'은 확신의 정념으로 가득하다.[6] 애초에 확신이 왜 형성되는지를 이해하는 것이 중요한 이유이기도 하다.

확신은 분명하다는 기분이 들게 한다. 하지만 분명하다는 기분을 안기는 모든 것이 확신은 아니다. 어떤 것에 확신이 있어야만 절대적으로 또는 논리적으로 분명하다고 느끼는 것은 아니다. 데카르트René Descartes가 자신이 사고하고 존재하는 것이 분명하다고 선언했을 때 (일반적으로 "나는 생각한다, 고로 존재한다"라는 추론으로 이해하지만 이는 잘못이다.) 그것은 그 순간에 그가 사고하고 있다는 사실을 적극적으로 의심할 수 없다는 의미였다. 의심 역시 사고이기 때문이다. 하지만 이것이 데카르트의 확신이라고 말한다면 어색할 것이다. 사실 확신의 흥미로운 점은 확신이 정반대의 확신에 대응하여 형성되는 일이 많다는 데 있다. 2+2=4 같은 논리적인 분명함이나 자신의 존재에 대한 데카르트의 믿음 같은 철학적인 분명함과는 달리, 우리는 일반적으로 다른 사람들이 우리의 확신에 반대할 수 있다는 것을 알고 있다. 비록 나의 확신이 틀렸다고는 상상도 할 수 없을지라도 우리의 확신이 다른 사람들의 의심과 도전에 직면할 수 있다는 점은 알고 있는 것이다.

바로 이 지점에서 비트겐슈타인이 방향을 제대로 설정

한 것처럼 보인다. 확신을 확신으로 만드는 것은 논리적인 분명함이나 얼마나 많은 지지를 받느냐가 아닌 것이다. 중요한 것은 확신의 내용이 아니다. 확신이 우리의 생활 방식과 맺는 관계 또는 그 관계라고 감지되는 것이 중요하다. 확신은 단순히 우리가 분명하다고 느끼는 신념이 아니라 행동에 대한 전념이다.

달리 말해서 확신은 다른 사람들에게 우리가 스스로를 어떤 사람이라고 여기는지 또는 어떤 사람이 되고자 하는지를 알려주고, 그 자아상을 반영한다. 실제로 그렇든 아니든 확신이 우리에게 분명함이라는 기분을 안기는 것은 이 때문이다. 태도와 정체성이 만나는 곳에 확신이 있다.

정체성은 그 자체로 고르디우스의 매듭Gordian knot처럼 어려운 문제다. 하지만 '나는 누구인가?'에 대한 대답이 외부와 내부 요인이 복잡하게 얽힌 혼합물이라는 정도는 이야기할 수 있다. 외부 요인으로는 역사(가령 나의 가족이 어디에서 왔는지), 환경(내가 성장한 곳), 생물학적 특성(내 유전정보) 같은 것들이 있다. 내가 속한 사회집단(가족 포함), 민족, 인종, 젠더, 성적 취향, 그리고 내가 사회에서 맡은 역할도 포함된다. 내가 하는 일의 종류, 내가 즐기는 연애 생활, 다른 사람과 교류하는 방식 모두 내가 어떤 사람인지, 내가 스스로를 어떻게 인식하는지에 영향을 미친다. 요컨대 사회학자들이 오랫동안 지적해온 바와 같이 나라는 사람의 많은 부분은 **사회적 정체성**의 결과물이다. 하지만 나의 전반적인 정체성, 즉 내가 어떤 부류의 사람인지는 내부 요인, 즉 나의 동기, 욕구, 희망, 두려움, 상상력의 작용과 한계 같은 심리적 요인의 결과물이기도 하다. 철학자들이 즐겨 말하는 **개인적 정체성**은 존 로크John Locke가 의식이라고 부른 심리적 측면들의 지속성과 연결성을 통해 구축된다고 종종 이해된다. 로크가 강조했다시피 나를 책상 위에 놓인 사진 속 소년과 동일한 사람으로 만들어주는 것은 일부분 내가 그 사람이었다는 기억이다.

하지만 내가 여기서 가장 큰 관심을 갖는 정체성은 **자아 정체성**self-identity이다. 자아 정체성은 앞서 설명했던 외부 요인과 내부 요인의 상호작용에 세 번째 요인이 더해져서 결정된다. 그 요인은 내가 마음을 쏟는 대상, 나의 가치, 가장 깊이 전념하는 어떤 것이다. 무언가에 마음을 쏟는다는 것은 그것과 자신을 동일시하고, 그것이 번창할 때 내가 번창하고, 그것이 위축될 때 내가 고통을 받을 정도로 정성을 다한다는 의미이다.[7] 내가 마음을 쏟는 대상은 내가 되고 싶은 사람의 유형을 결정할 뿐만 아니라 다른 사람들에게 내가 어떤 사람인지 알려준다. 나의 가치와 전념은 나의 자아상에 양분을 제공한다. 나라는 자아의 표현은 그 표현이 정확하든 정확하지 않든 정체성의 세 가지 측면인 사회적 정체성, 개인적 정체성, 자아 정체성에서 이루어진다.

자아 정체성이 어떻게 기능하는지를 이해하는 방법 중 하나는 거기에 내가 원하는 최고의 자아이자 나의 가장 깊은 관심과 전념하는 바를 반영해보는 것이다. 나는 담배를 피우고 싶을 수도 있다. 오래된 습관은 버리기 힘들다. 하지만 내가 비흡연자가 되는 데 관심이 있고, 더 건강해지기 위해 전념할 경우 흡연의 욕망을 희생하고 담배를 피우지 않을 것이다. 비근한 예로 부모는 자신에게 훨씬 중요한 것, 즉 아이의 행복을 위해 자신의 많은 목표를 희생한다. 연인은 사랑하는 사람을 위해, 운동가는 대의를 위해 자신의 필요를 희생한다. 전념의 대상을 이렇게 정리하고 자신이 최상의 자아라고 생각하는 것을 드러내는 방식으로 행동할 때에야 우리는 스스로를 전적으로 책임감 있는 사람이자 흔들림 없는 사람으로 여긴다. 이는 인간에게서만 볼 수 있는 특징이다.

확신은 자신이 바라는 자아상과 관련되어 있다. 우리가 우리의 확신을 선택한다고 보는 실존주의 관점에서 이는 일면의 진실을 담고 있다. 실존주의에 따르면 우리는 우리의 확신을 결정한다. 장폴 사르트르Jean-Paul Sartre는 우리가 가장 깊은 도덕적 믿음을 자유롭게 결정할 '운명'을 타고 났다고 생각했다. 문자 그대로 해석하면 이 생각은 별로 설득력이 없어 보인다. 다른 믿음이 그렇듯 확신은 종종 우리를 압도하고 우리가 통제하지 못하는 역사에서 출현하기도 한다는 사실을 간과하고 있기 때문이다.[8] 어느 날 갑자기 자신에게 있는 줄도 몰랐던 확신이 내 안에 있었다는 사실을 깨닫는 순간 이런 자발적인 출현이 분명하게 확인된다. 하지만 사르트르의 주장에도 일말의 진실이 있다. 우리는 종종 무언가가 옳거나 그르다고 판단하게 되었다고 이야기한다. 확신이란 '내가 누구인지'를 누군가가 물었을 때 나라는 존재에 가장 중심이 되는 것으로 적극적으로 끌어올 수 있는 [실행 의지가 담긴] 전념을 뜻한다.[9] 우리는 특정한 명제가 우리의 확신과 일치한다고 믿거나 생각하는 것을 통제할 수는 없다. 하지만 [일단 참이라고 생각하는 것을] 온몸으로 흡수하고 전념하는 문제는 통제할 수 있다.[10] 확신은 우리가 어떤 사람이 되고자 하는지를 보여주는 [주관적인 실행 의지가 담긴] 전념이다.

우리는 종종 이야기에 가까운 형태로 우리가 바라는 자아의 모습을 제시하곤 한다.[11] 자아 정체성을 마치 시작과 중간과 끝이 있다고 생각하면서 구조화하지만 실제로 그것은 이야기처럼 구성되어 있기도 하다. 이처럼 우리는 자신과 다른 사람들에게 우리의 이야기를 전해주는 이야기꾼이다. 자아 이야기에 일종의 플롯이 있다고 생각할 수도 있다. 우리는 우리에게 중요하고 선善에 대한 관념을 만들어낸 사건과 인물을 중심으로 이야기를 구성한다.[12]

하지만 우리의 자아에 대한 이야기는 찰스 디킨스Charles

Dickens가 의식적으로 이야기의 플롯을 짜는 것과 같은 방식으로 (10대 시절을 '그때가 최고였지, 그때는 최악이었지'라고 이야기하는 식으로) 구성되어 있지는 않다. 일단 자아 정체성 이야기의 지은이는 단 한 명이 아니기 때문이다. 자아 정체성은 자기 자신에 대한 관념이지만, 다른 사람들이 전하는 이야기들의 결과물이기도 하다. 부모님은 우리가 어릴 적 저지른 온갖 일에 대한 난감한 이야기를 하고, 친구들은 대학 시절에 대한 온갖 이야기를 한다. 그리고 당연히 우리의 자아 이야기는 더 큰 이야기를 배경으로 이루어진다. 미국인, 유럽인, 한국인이 어떤 사람인지에 대한 문화적인 서사, 공화당원이나 민주당원이 어떤 사람인지에 대한 정치적인 서사, 흑인과 백인은 어떤 사람인지에 대한 인종적인 서사, 여성과 남성은 어떤 사람인지에 대한 젠더적인 서사 등을 말한다. 이런 각각의 문화적 서사에는 자체적인 플롯 지점, 즉 가치를 확인시켜주는 요인과 나머지 이야기의 전개를 책임질 도덕적, 정치적으로 중요한 사건이 있다. 우리는 이런 서사들을 흡수함으로써 우리 문화 안에 있는 다양한 도덕적 편견과 편향을 흡수한다.[13]

그렇다고 광범위한 모든 문화적 서사와 집단 소속감이 똑같이 중요하다고 말하는 것은 아니다. 대부분의 사람들에게 미국자동차협회AAA 회원인지 아닌지는 자아에 대한 개념에 별 의미가 없다.[14] 중요한 것은 우리가 어느 부류에 속하고 어느 부류에는 속하지 않는지 파벌의 본성에 대해 서로에게 하는 이야기들이다. 이 이야기들은 우리에게 무엇이 성스러운지를 알려준다. 사회학자 앨리 러셀 혹실드Arlie Russell Hochschild는 이런 서사를 '심층적인 이야기deep stories'라고 설명한다. 혹실드의 표현에 따르면 심층적인 이야기는 "그럴싸한 느낌을 주는 이야기a feels-as-if story, 감정들이 상징의 언어로 전달되는 이야기이다. 그것은 판단을 제거하고 사실을 제거하며 우리에게 어떤 기분인지를 알려준다."[15] 혹실드의 주장에서 핵심은 우리의 문화적 서사는 우리의 태도에 의해 형성되는 동시에 그 태도에 형체를 부여한다는 점이다.

자아 정체성을 이런 식으로 바라보는 것은 확신의 본성을 이해하는 데 도움이 된다. 확신은 우리의 서사 속에 워낙 깊이 엮여 있어서 자아 정체성의 일부가 되어버린, 감정으로 가득한 전념의 상태이다.

사고실험을 통해 이를 간단하게 보여줄 수 있다. 어떤 과학자가 '확신 이식'에 대한 대가로 당신에게 백만 달러를 주겠다는 제안을 했다고 상상해보자. 이 거래를 받아들일 경우 당신은 가장 뿌리 깊은 확신 세 가지를 포기하고 그와 정반대되는 확신을 '주입'당하게 된다. 그렇게 되면 당신은 열성적인 인종주의자가 되거나, 당신이 사랑하는 사람들이 소중하지 않은 멍청이라고 믿거나, 신앙심을 잃을 수도 있다. 당신이라면 제안을 받아들이겠는가? 나는 그러지 않았으면 한다. 가령 그 돈으로 사랑하는 사람들에게 해줄 수 있는 일들을 생각하면서 당신이 그 제안을 받아들였다 해도 아마 그 돈을 받는 것을 큰 희생이라고 여길 것이다.

이런 반응이 나타나는 것은 우리가 한창 확신으로 가득할 때는 그 확신이 우리를 어떤 부류의 사람으로 만들어준다고 생각하고 따라서 그 확신을 포기하는 것을 피해라고 여기기 때문이다. 실제로 어떤 사람들은 자신의 중요한 확신을 잃는 것은 더 이상 동일한 사람으로 존재하지 않는 것과 같다고 생각할지도 모른다. 다시 말해서 확신 이식을 하고 나면 더 이상 전과 같은 사람이 아니게 된다. 그 정도까지는 아니더라도 확신을 잃으면 삶의 가치가 전보다는 떨어질 거라 생각할 가능성이 상당히 높다. 이런 정서를 통해 우리는 우리의 확신이 우리가 어떤 사람이 되고자 하는지를 보여준다는 것을 알 수 있다.

중요한 점은 이것이 거꾸로 적용되기도 한다는 것이다. 우리는 다른 사람의 확신이 그 사람이 어떤 사람인지를 보여준다고 판단하고, 상대방은 다시 우리의 확신을 그런 식으로 바라본다. 좀 더 현실적인 예로, 신앙을 가진 어떤 부부가 딸이 세속적인 대학에 갈 경우 신앙을 잃을까 봐 걱정하고 있다. 이 부부의 두려움은 직관적으로 딸의 정체성을 깊은 신앙심으로 간주한다. 그것은 딸의 존재 그 자체에 대한 것이 아니라 존재 방식에 대한 것이다. 부모는 딸이 아주 근원적인 가치를 가진 신념을 잃으면 더 이상 전과 같은 사람이 아니게 될 거라는 생각에 두려움을 느낀다. 딸이 신앙심을 잃어버리면 도덕적인 나침반을 잃게 될 거라고 걱정하는 것일 수 있고 도덕성과는 무관하게 종교적인 확신이 딸의 인격 중 일부를 구성한다고 느끼는 것일 수도 있다. 우리는 우리의 핵심적인 확신이 우리가 어떤 사람인지를 보여주고 동시에 우리의 인격을 구성한다고 생각한다. 반면에 우리는 핵심적인 확신을 다른 사람의 파벌적인 정체성을 가늠하는 수단으로 사용하기도 한다. 한 사람이 어떤 집단에 속하고 속하지 않고는 그 사람이 무슨 일을 하느냐의 문제이기도 하지만 무엇을 열성적으로 믿느냐의 문제일 때가 많다.

확신은 자아 정체성을 반영하기 때문에 우리 삶에 권한authority을 갖는다. 더 분명하게 말하자면 우리의 행동에 권한을 갖는다. 확신은 우리가 어떤 일을 하도록 강요하고, 어떤 일을 해도 된다고 허락해준다. 가령 종교적 확신은 신자에게 자폭해도 된다는 도덕적 허락을 내리거나, 민권을 위해 비폭력적인 저항에 참여하게 만들 수 있다. 개인적 확신 역시 다른 도덕적 요구에서 스스로를 면제하는 방식으로 같은 역할을 할 수 있다. 어떤 사람에게 일보다 가족이 중요하다는 확신이 있을 경우, 자녀의 축구 경기에 참석하기 위해 늦은 시간에 이루어지는 회의에 불참하는 것이 타당하게 여겨질 것이다. 가장 최근의 경기를 놓쳤다면 다음번 경기는 꼭 참석해야겠다는 의무감을 느낄 것이다. 모두가 이런 의무에 맞춰 살지는 못해도 똑같은 기분을 느낀다.

하지만 확신에 도덕적 권한만 있는 것이 아니다. 확신에는 우리가 믿는 대상에 대한 권한이 있다. 어떤 것이 진짜 확신이 되면 그것을 의심하기는 힘들다. 생활 방식의 일부가 되기 때문이다.

비트겐슈타인은 어떤 명제는 우리의 세계관이 의지하는 축과 같다고 주장했다. 표면적으로 그것은 다른 명제와 별로 달라 보이지 않을 것이다. 그것은 데카르트의 "나는 생각한다, 고로 존재한다"처럼 특별하고 압도적인 진리가 아니며, 따라서 논리적인 면에서 분명하지 않다. 하지만 어쨌든 이런 경험을 진짜로 의심하기는 힘들다. 그것을 의심하는 순간 세상이 더 이상 성립하지 않기 때문이다. 비트겐슈타인이 좋아하는 명제 "나에게는 손이 있다"를 생각해보자. 이 명제는 거짓일 가능성이 있다. 이는 2+2=4라는 명제와는 다르다. 하지만 사람은 보통 나에게 손이 있음을 진지하게 의심하지는 않는다. 내가 이 명제를 논박하기 위해 무슨 짓을 해도 내게 손이 있다는 사실보다 더 분명한 것은 없다. 그러므로 내게 손이 없다거나 사실은 내 이름이 마이클이 아니라는 확신을 내게 심어주려는 시도는 심각한 회의에 직면하게 될 것이다. 내게 제시된 증거가 아무리 훌륭하다 해도(가령 나의 출생증명서가 위조문서였다든가) 나는 내 믿음이 아니라 그 증거가 잘못되었다고 생각할 가능성이 크다. 비트겐슈타인의 말처럼 "여기서 의심은 모든 것을 질질 끌고 혼돈 속에 처넣어버릴 것이다."[16]

확신이 어떤 면에서 비트겐슈타인의 축 명제hinge proposition처럼 기능하기는 하지만, 일반적으로 당연하게 여기거나 별 사고 작용 없이 믿는 일상적인 문제는 확신의 대상이 아니다. 확신은 전념이다. 우리는 확신을 흔들림 없이 유지하고, 이를 위해 기꺼이 온갖 희생을 감수하려 한다. 때로는 불리한 증거를 아전인수로 해석하기도 한다. 사실이나 논리 자체를 거스르는 결과를 감수하면서 말이다. 그 이유는 바로 우리가 자아 정체성과 직결된 확신에 우리 삶에 대한 권한을 부여하고 있기 때문이다. 그래서 사람들은 자신의 확신을 쉽게 포기하지 않으려 하고, 거기에 따라 살아갈 용기가 없을 때 죄책감이나 실망 같은 감정을 느끼기도 하는 것이다. 확신을 포기하는 것이 마치 자기 배신 행위나 소속된 파벌에 대한 배신처럼 느껴지는 이유는 확신이 자아 정체성에 중요한 전념이기 때문이다. 그리고 파벌의 입장에서는 어떤 사람이 파벌의 확신을 공유하지 않을 경우 진정한 신자가 아니고, 그 사람의 회원권이 박탈될 수도 있는 요인이라는 데 동의할 것이다.[17]

이런 사실들은 어째서 자신의 확신에 열린 태도를 갖기가 그렇게 힘든지, 확신에 대한 도전이 '우리의 생활 방식을 향한' 공격처럼 느껴지는지, 그 이유를 설명해준다. 물론 우리는 사람들이 우리의 확신에 동의하리라고 반드시 기대할 수는 없다. 하지만 일반적으로는 사람들이 자신의 확신을 존중해주기를, 그런 확신을 가질 권리를 인정해주기를 기대한다. 이런 사실들은 어째서 우리가 종종 구체적인 사안에 대한 토론을 잘 하려 하지 않는지에 대한 근거가 된다. 진실이라고 생각은 하지만 정체성으로 연결시키지는 않은 믿음들에 대해서는 열린 태도로 임하면서 우리의 확신에 대해서는 토론을 꺼리는 그 이유를 말해준다. 자신의 확신을 방어하는 것은 정체성 자체를 방어하는 것과 비슷한 일이기 때문이다.

믿음은 어떻게
확신이 되는가

다른 어떤 철학자보다도 확신에 대해 많이 생각한 프리드리히 니체Friedrich Nietzsche는 확신이 어떻게 오만함의 무의식적인 엔진이 되는지를 이해하는 데 핵심적인 그러나 간과하기 쉬운 지점을 언급했다. "모든 확신에는 역사, 즉 전조와 모험과 실수가 있다"라고 니체는 말했다. "확신이 아닌 상황을 겪은 뒤에야 그것은 확신이 된다."[18] 다시 말해서 처음에는 단순한 믿음에서 출발한 것이 적당한 환경을 만나면 가장 깊은 곳에서 정체성을 반영하는 가치가 뿜어나와 온갖 화려함을 뽐낸다는 것이다. 그리고 이런 일이 벌어질 때 확신이 그저 확신이라는 이유만으로 갖게 되는 권위는 그 확신을 뒤흔들 수 있는 증거로부터 우리 스스로를 방어한다는 의미이다.

확신에는 확신이 아니던 시절의 역사가 있다는 니체의 주장은 오늘날 우리가 목격하는 많은 공적 담론의 유별난 특징을 설명하는 데 도움이 된다. 그것은 바로 거의 모든 것이 난데없이 정치적인 색채를 띨 수 있다는 점이다. 우리가 먹는 음식, 모는 차의 종류, 심지어는 커피를 구입하는 장소까지 이제는 일반적으로 정치적 동기가 있는 선택으로 인식된다. 기후변화 역시 정치적 이슈가 된 덕분에 날씨마저 예외가 아니다. 2017년 늦여름, 노스캐롤라이나주의 주지사는 곧 닥칠 허리케인의 위협 때문에 태풍 경로에 있는 해안 지역에 주민 소개疏開 명령을 내렸다. 일부 보수적인 토크쇼 사회자들은 이런 허리케인 히스테리가 기후변화 날조를 강화하는 음모의 일환이라고 주장했다. 비합리적인가? 당연히 그렇다. 하지만 슬프게도 요즘에는 이런 비합리성이 익숙하다. 학교 총기 난사 사건의 생존자들이 사실은 그럴듯한 배우라는 주장이 그렇듯, 이런 터무니없는 비난은 난데없이 떨어지는 게 아니다. 어떤 면에서 그런 비난들은 한때는 정치에서 자유로웠거나 접근 불가 영역이었던 문제들을 이제는 당파적인 시각으로 바라보고 있다는 날로 확산되는 인식을 확인시켜주고 있다. 허리케인이 해안을 위협할 정도인가, 던킨도너츠가 판매하는 커피가 '보수적'인 성격인가처럼 우리가 '사실의 문제'라고 부르던 것이 확신의 문제로 전환되었기 때문에 이런 인식의 변화가 일어나는 경우가 많다. 다름 아닌 우리가 사실의 문제를 사적인 것으로 만들어놓은 것이다.

'사실의 문제'는 최소한 원칙적으로 경험적인 수단을 통해 판별 가능한 문제를 말한다. 공개 토론은 종종 바로 이런 문제를 다룬다. 교량 프로젝트에 얼마큼의 돈이 들어가는지, 오염을 막으려면 더 많은 규제가 필요할지, 동네 순찰을 늘리면 범죄율이 떨어질지 등등. 이런 문제는 정책의 기본적인 사안이고, 누가 봐도 철학적인 문제는 아니다. 경험적인 사안이기에 보통은 판단을 내리기 위해 과학의 도구를 사용하고자 한다. 이상적인 세상이라면 우리는 연구 팀을 가동한 뒤 그 시점에 우리가 확보한 사실에 대한 최선의 관점에 의지하여 갈 길을 정할 것이다. 하지만 이런 이상은 종종 현실이 되지 못한다. 결정 과정은 둘 중 최소한 한 가지 방식에 따라 정치화된다. 문제를 정치화하는 한 가지 분명한 수단은 비용에 대해 이견을 표출하고, 정부의 지출에 대해 일반적이고 다소 성가신 논쟁에 불을 붙이는 것이다. 하지만 이런 정치화가 일어날 때도 사실관계나 적어도 사실을 어떻게 조사할지에 대한 광범위한 합의가 이루어지는 경우가 많다. 관건은 그런 사실들을 고려하여 어떻게 정책을 가장 훌륭하게 구축할까 하는 문제이다.

문제를 정치화하는 또 다른 방식이 있다. 사실의 문제가 확신의 문제로 바뀌는 경우다. 기후변화를 둘러싼 논쟁을 생각해보자. 표면적으로 기후변화의 원인을 둘러싼 질문들은 교량에 문제가 발생했을 때 그 원인을 둘러싼 질문들과 유사하다. 하지만 어떤 사람이 기후변화를 중대한 위협이라고 믿을 가능성을 그 사람의 정치적 성향에 따라 정확하게 예측할 수 있음을 보여준 연구가 입증하듯, 미국인들은 이 문제를 그런 식으로 접근하지 않는다.[19] 보수주의자는 기후변화가 중대한 위협이라고 생각하지 않는 반면 자유주의자는 그렇다고 생각하는 경향이 있다. 정치적 정체성은 기후변화에 대한 우리의 관점과 모순되는 증거를 어느 정도로 거부할지를 결정하며 반대로 우리의 세계관을 뒷받침한다면 아무리 형편없는 증거라도 기꺼이 받아들이게 한다.

그리고 이런 현상은 기후변화에만 국한되지 않는다. 공격용 소총을 금지하는 것은 총기 사건을 줄이는 데 도움이 될까? 백신은 안전한가? 이 모든 문제에 대해 미국인들은 자신의 정치적 관점에 따라 모든 데이터에 반응하는 경향을 분명하게 드러낸다.

이 문제는 다양한 방식으로 생각해볼 수 있다. 일례로 종교의 영향을 받은 정치적 관점이 과학적인 판단 능력을 흐린다고 볼 수도 있다. 그 결과 사람들이 일반적인 과학을 이해하지 못해 기후변화의 심각성을 외면하게 되는 것이다. 이 경우 해법은 과학을 더 많이 가르치는 것이다. 또한 일부 정치적 접근은 다른 접근에 비해 폐쇄적인 태도와 형편없는 비판적 사고 기술을 부추긴다고 볼 수도 있다. 이 경우 해법은 사람들에게 논리를 가르치는 것이다.

두 제안 모두 장점이 있다. 사람은 시간이 지나면 최소한 어떤 면에서는 과학적으로 더 해박하고 비판적 사고를 더 훌륭하게 할 수 있다고 생각할 근거는 충분하다. 과학을 제대로 인식한다는 것은 추상적인 이론을 이해한다는 뜻이라기보다 어떤 것의 작동 원리를 파악하는 일이 핵심이라는 점을 인정하는 문제일지도 모른다. 우리는 기후변화의 경우처럼 이해관계가 복잡하게 얽혀 있을 때는 그 작동 원리가 중요하다고 생각하는 경향이 있다. 게다가 사람들은, 다시 말하지만 '시간이 지나면' 확신의 문제에 마음을 바꿀 수도 있다. 여기서 이성이 일정한 역할을 할 수도 있다. 이와 관련된 좋은 예가 동성결혼에 대한 사람들의 태도다. 지난 10년 동안 다양한 요인들이 작동하여 동성결혼에 대한 태도가 바뀌었다. 동성결혼에 대한 법원의 저항이 꾸준히 약해진 것도 한 요인이다. 법원의 저항이 약해진 이유는 동성결혼에 이의를 제기한 사람들이 그것이 해롭다는 증거를 들고 오지 못했기 때문이다. 이 경우 동성결혼 반대자들의 실패는 비합리적인 인식론적 실패로, 시간이 지나면서 더 큰 문화적 변화를 가져오는 데 일정한 역할을 했다고 볼 수 있다.[20]

비판적 사고와 과학을 가르치는 것은 장기적인 게임이다. 어쩌면 바로 그래서 그것이 가장 중요한 접근이 될 수도 있을 것이다. 하지만 단기적으로 이런 전략은 인간이 사실의 문제를 확신의 문제로 바꾸는 경향이 있다는 사실과 정면으로 충돌하곤 한다. 실제로 그런 일이 일어났을 때 우리는 정체성을 보호하는 합리화 작업에 들어가기 마련이다. 우리의 확신은 자아 정체성의 일부이자 가장 깊은 자아에 대해 우리가 갖는 관념이기 때문이다. 따라서 확신의 권한은 단기적으로 사람들이 논리와 과학을 많이 배운다고 해서 마음을 고쳐먹을 가능성을 현저히 저하시킨다.

예일대학교 심리학자 댄 카한Dan Kahan과 그의 동료들은 연구를 통해 이 주장을 생생하게 뒷받침했다.[21] 카한의 연구에 따르면 일반적 상식과는 달리, 과학 지식이 있고 인지적으로 날카로운 사람일수록 정치적 소속에 관계없이 극단적인 성향을 띨 가능성이 높았다. 과학 지식이 있고 논리적인 보수주의자는 자신의 입장에 상반되는 근거 앞에서도 굴하지 않고, 인간이 기후변화와 관련이 있음을 뒷받침하는 과학적 연구를 계속해서 거부하는 경향이 훨씬 강했다. 이 극단적 성향은 예방접종에 반대하는 자유주의자에게도 똑같이 적용된다. 이런 완고함이 가능한 것은 과학 지식이 있는 사람일수록 자신들이 동의하지 않는 연구의 허점을 공격하고, 자신들이 동의하는 연구를 최대한 그럴싸하게 독해하는 데 능하기 때문일 수도 있다. 하지만 카한과 동료들은 이 연구 결과가 그저 이보다 더 일반적인 교훈을 반영할 뿐이라고 주장한다. 즉, 우리는 정보가 자아 정체성의 일부를 긍정할 때는 수용하고, 정보가 자아 정체성을 위협한다고 인식할 때는 거부하는 경향이 있다는 것이다. 어떤 점에서 이 접근은 현실적으로 합리적이다.

확신의 본성을 이렇게 이해할 경우 그 핵심은 완전히 일반적인 성향을 띤다. 기후변화에 인간이 기여하는 바, 총기 규제 법안이 자살률에 미치는 영향, 백신의 안전성 같은 사실의 문제가 확신의 문제가 되는 것을 허용할 때, 이 문제에 쏟는 전념은 우리 인생에 일종의 권한을 획득하게 된다. 그리고 이 권한은 확신을 더욱 강화한다. 때문에 확신을 저해할 수 있는 근거를 무시하는 것은 현실적으로 합리적일 수 있다. 확신은 인식론적으로 비합리적인 상태를 현실적으로 합리적으로 만든다.

그렇다면 한 가지 의문이 남는다. 우리는 어째서 애초에 사실의 문제를 확신의 문제로 바꿔버리는가? 무엇 때문에 기후변화나 조세정책이나 채식주의에 대한 관점에 그토록 전념하고 그것이 우리의 행동과 믿음에 대한 권한을 갖게 만드는가?

카한이 제시하는 한 가지 설명은 동료 집단의 압력이다. 어쩌면 우리는 우리가 속한 집단의 많은 사람들이 평범한 믿음을 확신으로 전환할 때 그걸 따라 하는지도 모른다. 파벌 내에서 그것은 명예의 훈장이 된다.[22] 만일 당신이 기후변화 거부론자, 나아가 기후변화의 거부를 확신의 문제로 여기는 사람들이 주를 이루는 공동체 안에 살고 있을 경우 기후변화의 실상에 열린 태도를 갖기가 대단히 불편할 것이다. 이런 흐름에 맞설 경우 사회적 위험이, 이런 흐름을 좇아 기후변화를 거부할 경우 사회적 보상이 따를 것이다. 그러므로 당신이 주위 사람들처럼 기후변화 회의론을 채택하는 데는, 그 과정이 무의식적이더라도 매우 강력한 현실적인 이유가 있다.[23]

이런 설명은 좋은 출발점이긴 하지만 그 자체로는 필연적이지도 충분하지도 않다. 충분하지 않은 까닭은 동료 집단의 압력은 간단한 사실의 문제에 대한 믿음 수준에서도 작동하기 때문이다. 만일 친구들이 우리가 방문하려는

레스토랑이 열려 있다고 믿을 경우, 나는 처음에 그것을 의심한다 해도 친구들의 믿음을 근거로 같은 믿음을 채택할 수 있다. 욕망에도 같은 원리가 적용된다. 무언가를 판매하는 최선의 방법은 사람들이 그걸 사고 싶게 만드는 것인데 주위 동료들 역시 그걸 원한다는 확신을 심어주는 것이다. 그러므로 동료 집단의 압력과 파벌의 응집력은 동료들이 원하고 믿는 것을 나 역시 원하고 믿는 것이 현실적으로 합리적인 이유를 설명해주기는 한다. 그러나 우리가 어떻게 단순한 사실과 관련된 믿음을 우리의 정체성을 반영하는 전념으로 바꾸는지를 설명하지는 못한다. 또한 동료에게 특정한 믿음이 있다고 해서 반드시 나의 믿음이 확신으로 바뀌는 것도 아니다. 그게 아니라면 우리는 동료들과 다른 입장을 고수하는 사람들의 사례를 절대 찾지 못해야 하는데 당연히 그런 사례는 쉽게 찾을 수 있다.

　　믿음이 어째서 확신이 되는지를 이해하려면 확신이란 우리에게 가장 중심이 되는 것에 대한 전념임을 떠올릴 필요가 있다. 즉, 그것은 우리의 가치와 관련이 있다. 확신 중 어떤 것들은 노골적일 정도로 가치와 비슷하다. 노골적으로 무엇이 옳은지 그른지와 관련이 있는 것이다. 하지만 이 방법만으로 정체성의 일환으로 인지한 전념을 획득할 수 있는 것은 아니다. 단순한 사실의 문제에는 도덕이 얽혀들 수 있다. 사실의 문제는 어떤 경우에는 과학적 탐구를 통해,

어떤 경우에는 역사적, 법률적, 경제적 탐구를 통해 평가할 수 있는 유형의 것들이다. 하지만 앞서 확인했듯 어떤 사실의 문제들은 서로 상반되는 정치적 스펙트럼에 놓인 사람들에 의해서 진실 또는 거짓임이 **틀림없는** 무언가로 다뤄질 수 있다. 가령 어떤 사람이 기후변화는 사기임이 틀림없다고 또는 트럼프가 대통령이 되기 위해 푸틴과 개인적으로 음모를 꾸몄음에 틀림없다고 우길 때, 이 '틀림없다'는 우리가 단순한 사실의 문제에 도덕이 얽혀들도록 내버려두었다는 신호가 된다.

어떤 사실의 문제에서 그것이 참이라는 증거가 도덕적 전념과 연관되기 때문에 그 사실에 대한 믿음에 전념하게 될 때 어쩔 수 없이 도덕이 얽혀들게 된다. 즉, 그것이 거짓으로 판명 날 경우 도덕적 전념의 근거라고 생각해온 것들이 침해받는다고 생각한다. 이런 일이 일어나면 물리적 현상에 대한 단순해 보이는 주장에 도덕적 가치들이 가득 차게 된다. 그러므로 실증적인 믿음은 그 주변의 노골적인 도덕적 가치들 때문에 도덕적인 색채가 현저해지고, 그에 대한 모든 공격은 그 가치에 대한 공격처럼 다뤄진다.

이는 새로운 현상이라고 보기 힘들다. 서로 다른 인종의 두개골 차이에 대한 19세기의 '과학적' 믿음을 살펴보자. 당시에는 그 차이가 아프리카 혈통 사람들이 유럽 혈통 사람들뿐 아니라 다른 종에 비해서도 지적으로 열등하다는 증거였다. 따라서 이를 근거로 그들을 불공정하게 대우하거나 노예로 만드는 것을 정당화할 수 있다고 생각했다. 유명한 동물학자 루이 아가시Louis Agassiz 같은 주요 과학계 인사들이 이런 관점을 지지했고, 미국 남부 전역에서 과학적 관점뿐 아니라 도덕적 확신을 강화하기 위한 강연회가 열렸다. 남부의 백인 남성이 유전적, 도덕적으로 우월한 존재라는 이미지를 강화하는 확신이었다. 그 결과 인체 해부학에 대한 관심이 확신이 되었다.[24]

완전히 다른 예를 들자면 20세기 중반 일부 좌파 성향의 미국인은 소련이 미국 정부가 주장하는 것보다 더 상냥한 곳이라고 믿었고, 억울하게 누명을 뒤집어썼다고 생각했다. 일부는 스탈린의 숙청과 강제 노동 수용소, 체코슬로바키아와 다른 곳에서 자행된 반대 세력에 대한 무자비한 탄압 소식을 접하고는 이 믿음을 폐기했다. 하지만 다른 사람들은 소련의 억압과 관련된 이야기를 합리화했다. 역사적 사건을 향한 믿음은 정의에 대해 이들이 지닌 전반적인 관점과 도덕적으로 뒤얽혔다. 그래서 그 자체로 반증 앞에서 꿈쩍도 하지 않는 확신이 되었다.

우리는 백신의 안전에 대한 믿음, 자유무역의 효능 또는 무익함에 대한 믿음, 기후변화의 실재 또는 비실재에 대한 믿음이라는 측면에서 유사한 힘이 작동하고 있음을 볼 수 있다. 특히 마지막의 경우는 노골적인 도덕적 확신이 두 차례에 걸쳐 제거된 경우에도 도덕의 얽힘이 작동할 수 있음을 보여준다. 기후변화는 억만장자 조지 소로스George Soros가 꾸민 사기라는 일각의 주장을 생각해보자. 이 주장을 믿던 사람이 그게 틀렸다고 생각하게 되었다 해도, 이런 사고의 전환이 그 사람의 도덕적 확신 중 그 어떤 것도 **직접적으로** 손상시키지는 못할 수 있다. 하지만 간접적인 효과가 있을 수는 있다. 가령 기후변화가 실재한다고 받아들일 경우 과학 기관이 자유주의자의 음모를 확산하기 위한 선전기구라는 믿음이 부분적으로는 무너질 것이다. 그리고 이 사실은 과학 기관이 도덕적으로 부패했고 따라서 신뢰할 수 없다는 노골적으로 도덕적인 전념을 직접적으로 약화시킬 수 있다.

이 세상에 대한 우리의 평범한 믿음 중 많은 것들이, 어쩌면 대부분이 거리가 멀기는 해도 우리의 도덕적 원칙과 연관되어 있다. (수학적인 믿음은 예외일 수 있다.) 하지만 도덕적 원칙과 연관되어 있다는 사실 자체가 도덕의 얽힘을 일으키는 것은 아니다. 내가 말하는 도덕의 얽힘은 어떤 믿음에 전념하는 과정으로, 그 믿음이 자신이 강하게 지지하는 도덕적 확신과 증거 차원에서 관계를 맺고 있다고 인식하기 때문에 발생한다. 이런 관념은 이 과정이 종종 반대 방향으로도 진행된다는 분명한 사실에도 호응한다. 즉, 사실의 문제에 전념함으로써 우리는 어떤 도덕적 확신을 발전시킬 수도 있다. 어떤 사람은 합성 진통제가 대대적으로 남용되고 있다는 사실을 토대로 약물 관련 형량이 부정의하다고 확신하게 될 수 있다. 그러고 나면 이는 반드시 그래야 하는 것은 아니지만 도덕의 얽힘으로 간주될 수도 있다. 무엇이 도덕적으로 얽히는지는 그 사람에게 달렸다.

　도덕의 얽힘은 사회적 억압과 함께 확신을 추출하기 위한 메커니즘으로 기능한다. 우리의 믿음 중에는 우리가 소속되기를 원하는 파벌의 더 큰 서사들과 이미 엮여 있어서 확신으로 전환되는 것들이 많다. 그런 믿음은 우리가 어떤 사람이 되고 싶어 하는지를 비추고 있으므로 도덕적으로 얽히게 된다. 그리고 어떤 도전이 닥쳐도 우리의 감정적 전념은 움직이지 않는다. 사실 우리는 그런 도전을 개인적인 일로 받아들인다. 말 그대로 우리가 자아 정체성과 자기 서사를 확장하여, 거기에 신념을 포함시켰기 때문이다. 이런 과정을 통해 사실의 문제에 대한 일반적인 믿음이 '맹목적인 확신'으로 바뀌게 된다. 맹목적인 확신은 맹목적인 신념처럼 증거가 아니라 태도를 근거로 만들어지는 확신이다. 우리는 더 넓은 문화적 서사와 그것이 구현한 태도를 수용함으로써 형성된 우리의 자아 정체성이 뻗어나가고 확장하도록 허용한다. 자아 정체성은 더 많은 발판을 확보하고 전보다 더 많은 것을 꼭 필요한 요소로 포함시킨다. 더 넓은 서사 속에 녹아들고자 하는, 즉 그것을 자신의 것으로 채택하고자 하는 우리의 경솔한 욕구 때문에, 우리는 일부 사실의 문제를 기어이 정체성의 일부로 받아들인다.

이런 평가가 옳다면 흥미롭고도 긴박한 질문이 떠오른다. 기존의 문화적 서사에 순응하고자 하는 욕망의 결과로 거의 모든 믿음을 맹목적인 확신으로 바꿀 수 있다면, 그런 서사를 공유하고 형성하기가 지극히 쉬워질 때에는 무슨 일이 일어날까? 더 근본적으로, 그런 일을 위해 설계된 기기를 주머니 속에 넣고 돌아다닐 때 무슨 일이 벌어질까?

우리의 정체성은 일반적으로 하나씩 형성되지 않는다. 우리는 자아에 대한 이야기를 집단적으로 구축한다. 하지만 대부분의 시간에는 그 사실을 깨닫지 못한다. 우리가 자신에 대해 하는 이야기들이 날로 소셜네트워크상에서 구성되고 있는 지금은 특히 더 그렇다. 많은 사람들에게 우리가 어떤 부류의 사람인지는 우리의 온라인 생활, 다시 말해 우리의 소셜네트워크가 우리에 대해 하는 이야기와 우리가 거기에 대고 하는 이야기에 따라 부분적으로 결정된다. 페이스북 같은 소셜미디어 플랫폼은 자기 확장의 수단으로 의식적 또는 무의식적으로 종종 사용된다. 이제는 소셜미디어가 도덕의 얽힘을 위한 사회적 강화 도구처럼 행동하고 있기 때문에 그런 사실을 알 수 있다. 소셜미디어 플랫폼은 우리를 감정적으로 연결시키는 방식으로 구축되어 있다. 이는 현실에서 우리가 서로의 정서와 태도를 공유하고,

서로에게 보상과 처벌을 가한다는 뜻이다. 소셜미디어 플랫폼이 이런 일에 워낙 능하다 보니 우리는 많이 생각해보지도 못한 믿음을 전념으로 주워섬긴다. 그 결과 우리는 아무리 증거가 없어도 어떤 것은 진실이라는 방침에 입각해서 행동하며, 그것은 진실임이 틀림없다고 생각한다. 그 이유는 글쎄, 우리랑 비슷한 사람들이 그렇게 믿으니까.

앞서 우리가 종종 소셜미디어상에서 뭘 하고 있는지에 대해 무지할 때가 있음을 확인했다. 우리는 정보나 지식을 주고받는다고, 즉 어떤 것의 신뢰성을 증명하고 있다고 생각한다. 하지만 그런 일은 하지 않을 때가 많다. 우리는 자신의 감정 상태와 태도를 표현하고 있으면서도 전혀 알지 못한다. 그리고 이 때문에 소셜미디어는 수월하게 맹목적인 확신에 박차를 가한다. 우리는 어떤 사실 주장에 대한 우리의 분노나 감정적 지지를 공유함으로써 파벌 안에서 서로에게 거기에 전념해야 함을 알린다. 그것이 확신의 문제임을, 우리 이야기의 일부임을 서로에게 알리는 것이다. 그리고 변심은 위험할 수 있음을 알린다. 우리가 원칙에 입각했다고, 최선의 자아가 만든 개별적인 이야기의 결과물이라고 생각하는 전념은 사실상 더 큰 문화적 서사의 편린일 뿐이다. 즉 소셜미디어는 맹목적인 확신을 양산하는 아주 효과적인 기계일 수 있다.

요컨대 우리는 믿음을 확신으로 전환함으로써 자아를

확장한다. 우리는 우리가 동일시하는 서사에서 핵심적인 역할을 하는 믿음에 전념한다. 그리고 그런 서사들은 우리가 중요하게 생각하는 것과 관련이 있기 때문에, 확신으로 변한 믿음에는 도덕이 얽혀들게 된다. 그러므로 자아의 확장과 도덕의 얽힘은 함께 진행되는 경향이 있다. 때로 자아의 확장과 도덕적 얽힘에는 원칙이 있다. 우리가 궁극적으로 옳지 않을 수도 있지만, 우리는 믿음을 증거로 뒷받침되는 도덕적으로 중요한 문제로 인식하기 때문에 거기에 전념한다. 하지만 우리가 전념에 도달하는 과정에는 원칙이 전혀 없을 때가 많다. 그보다는 온라인 생활의 확신 기계가 확신을 맹목적으로 채택하도록 허용할 때가 많다. 이런 식으로 성찰 없이 채택된 헌신은 뭐든 다 안다는 오만함과 연결된, 일종의 방어적이고 인지적인 담쌓기로 이어진다. 이 같은 지적인 오만함은 자부심과 진실을 혼동한 결과이다. 그러므로 사실의 문제를 확신의 문제로 전환하는 것은 언제나 위험한 일이다. 그런 일이 증거가 아니라 태도를 근거로 맹목적으로 벌어질 때 오만함의 소용돌이가 일어난다. 이는 결국 더 많은 맹목적인 확신을 일으키고 더 많은 오만함으로 귀결되는 상황에 부채질을 하게 된다.

우리에게는 뇌가 확신을 근거로 어떻게 기능하는지 알려줄 수 있는 인지과학이 필요할 것이다. 철학적으로 그리고 정치적으로 중요한 지점은 우리가 확신이 원칙에 근거를 둔 것처럼 보이지만 실제로는 맹목적이라는 사실을 모를 때, 확신을 양산하는 기계 앞에서 속수무책이 된다는 점이다. 이런 속수무책의 상황은 파벌주의를 자양분으로 삼는 자들 그리고 확신을 통해 부추긴 분노를 경멸과 증오의 이데올로기로 전환하는 자들이 우리의 정체성 자체인 우리의 서사를 수월하게 이용하도록 만든다.

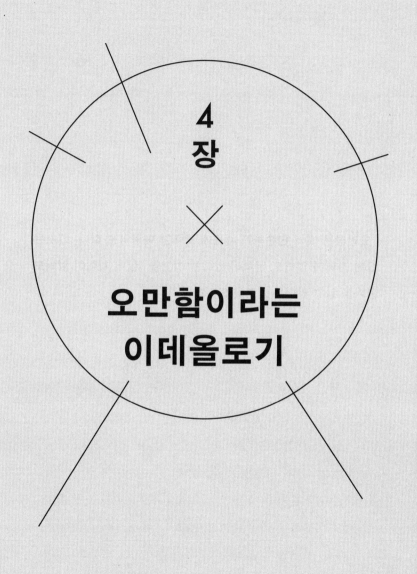

4
장

오만함이라는
이데올로기

"오만함은 워낙 단순하기 때문에 강력한 마약과도 같다. 그것은 실제 권력이 없어도 권력이 있다는 기분을, 실제 지식이 없어도 뭔가를 알고 있다는 기분을 안긴다."

진실에 적개심을
품은 사람들

두 차례 세계대전과 홀로코스트가 끝난 1945년, 독일 철학
자 한나 아렌트는 독재를 추종하는 무리들이 자발적으로
기꺼이 악을 인내한 것보다 "괴물이 자기 자식을 게걸스럽
게 먹어 치우기 시작할 때마저" 흔들림이 없었다는 게 진짜
놀라운 점이라고 말했다.[1] (독재자 입장에서) 시민의 이익
에 대한 관심의 부재와 (시민 입장에서) 자신의 이익에 대
한 관심의 부재는 당시 경쟁 국가와 외부 관찰자에게 심각
한 당혹감을 안겼다. "전체주의 운동 구성원의 충성심은 일
반적인 정당 구성원의 가장 위대한 충성심과 질적인 측면
에서 완전히 달랐다. 광신은 자기 이익에는 관심을 두지 않
고 스스로를 희생할 준비가 된 군중에 의해 양산된다."[2]
　　아렌트의 주요 관심사는 파시즘 같은 분명한 전체주의

운동에 있었지만 그녀의 관심사 대부분은 일반적인 권위주의 국가에도 적용되었다. 아렌트는 외부 관찰자가 권위주의 지도자의 동기에 대해 느끼는 당혹감은 전략적으로 이런 지도자에게 이로울 수 있음을 지적했다. 히틀러의 경우 행위의 동기와 추종자의 동조 이유가 당시 많은 관찰자에게는 사리에 맞지 않아 보였기 때문에 히틀러는 예측 불가능한 존재가 되었다. 홀로코스트 사학자인 티머시 스나이더Tomothy Snyder의 지적처럼 이런 예측 불가능성에 대한 한 가지 설명은 특히 나치 운동이 엄밀한 의미에서 국가주의적이지 않았다는 것이다.[3] 나치 이데올로기가 국가의 자기이익이라는 전형적인 자유주의적 개념에 따라 조종되거나 동기를 얻지 않았기 때문이다.[4]

나치 이데올로기는 국가의 경계와 제도를 수단으로 여겼고, 더 이상 필요하지 않을 때는 폐기할 수 있다고 생각했다. 나치 이데올로기의 정수는 혈통(인종)과 토양(지리)이었다. 혈통은 인간의 여러 파벌 사이에 진정한 구분 선을 새겼고, 토양은 혈통으로 나뉜 부족들이 자급하고 번성하려면 토지를 놓고 경쟁해야 한다는 사상과 관련이 있었다. 이런 인종주의적 이데올로기가 거대 서사로 수용되자, 시민의 개별 이익을 돌보는 것이 곧 국가의 이익이라고 보는 당대의 표준 경제모델로는 나치의 의도를 효과적으로 이해할 수 없었다.

나치 이데올로기의 본질을 통해 권위주의 정치학의 일반적 심리를 설명할 수 있다. 권위주의 성향의 통치자는 겉보기에는 양립 불가능할 것 같지만 사실상 서로를 강화하는 두 가지 태도를 배양한다. 첫 번째 태도는 현실이나 상상 속의 박해 때문에, 즉 이유는 모르겠지만 어떤 인종이나 파벌이나 문화가 위협을 받고 있다는 생각 때문에 방어적인 태도를 취하는 것이다. 히틀러의 관점에서 '문화'는 아리아인의 문화였고, 파벌은 아리아 인종이었으며, 위협은 토지와 식량 생산이 두려울 정도로 부족한 상황이었다.

두 번째 태도는 파벌의 타고난 우월함에 동반되는 감각이다. 히틀러의 경우 우월함이란 인종의 우월함이었다. 인종이든 다른 무엇이든 거의 모든 경우 이 우월함은 역사를 통해 출현하는 것으로 이해된다. 즉, 독재자는 적들의 바람과는 반대로 역사의 비밀이 드러났다고 주장한다. 사람들은 이 역사가 드러나 비밀이 만천하에 공개되고 나면 줄곧 마땅히 자기들 것이었던 것을 되찾게 되리라는 이야기를 듣는다. 그러니 지도자를 따르기만 하면 되는 것이다.

우월성의 인지와 방어적인 불안의 이런 결합은 심리사회적으로 먼저 울화를 그다음에는 증오를 배양하는 기름진 온상을 제공한다. 이때 태도는 자연스럽게 서로를 강화한다. 위협을 인지하고 불안으로 신음하는 사람들은 자신들이 우월하다는 주장을 통해 자부심을 북돋는 경향이 있다.

그리고 자신들이 우월하다고 주장하는 사람들은 거기에 동의하지 않는 사람들을 자연스럽게 위협으로 간주한다. 불안과 결합한 우월감은 수차례에 걸쳐 혼합되고 마음을 뒤흔드는 서사로 강화되어 인종주의와 적개심을 양산한다. 여기서 그치지 않고 자기 파벌이 진리와 선을 동시에 거머쥐고 있다는, 정말로 중요한 문제에 있어서 자기 파벌의 입장이 틀릴 리가 없다는, 이런 사실들이 정책과 정치적 실천에 스며들어야 한다는 좀 더 일반적인 사고를 부추긴다. 다시 말해서 그것은 파벌적인 오만함을 부추긴다.

일반적으로 사람들은 오만함에 끌린다. 오만함은 워낙 단순하기 때문에 강력한 마약과도 같다. 그것은 실제 권력이 없어도 권력이 있다는 기분을, 실제 지식이 없어도 뭔가를 알고 있다는 기분을 안긴다. 특히 당신이 불안과 압박을 느끼는 경우라면 오만함과 자신감을 혼동하기 쉽다. 그러므로 파벌적인 오만함 위에 자리한 이데올로기는 충성을 고취하지만, 내용 위에 자리한 이데올로기는 그렇지 않은 것은 어찌 보면 당연하다. 아렌트 역시 이 사실을 알고 있었다. "전적인 충성은 구체적인 내용이 없을 때만, 그래서 거기서 자연스럽게 변심이 일어나지 못할 때만 가능하다."[5] 전제 권력을 추구하는 사람들에게 세부 사항은 장식에 불과하다. 아렌트의 지적처럼 히틀러의 가장 위대한 정치적 성과 중 하나는 "그것을 바꾸거나 공식적으로 폐지함으로

써가 아니라, 단순히 그것에 대한 이야기나 그 핵심을 논하기를 거부함으로써" 국가사회주의독일노동당의 강령을 극복한 데 있었다.[6]

히틀러는 합리적이고 세세한 정책을 갖추는 것이 중요하지 않다는 것을 알았다. 정치권력은 불안과 우월감의 결합을 북돋아 증오에 기반을 둔 파벌적인 오만함을 부추기는 데 사용되었다. 바로 이 힘이 파벌의 구성원으로 하여금 독재자가 자기 자식을 잡아먹었을 때마저도 독재자의 과도한 장악력을 무시하게 만들었다. 핵심은 어떤 생각이 제시되는가가 아니다. 핵심은 그것이 어떻게 제시되는가 그리고 그것이 표적이 되는 대중을 움직이게 하는 저변의 태도 및 불안과 공명하는가 아닌가이다. 아렌트의 지적처럼 "이런 개념들이 제시되는 무오류의 예측infallible prediction 형태가 그 내용보다 더 중요해졌다."[7]

구체적인 내용의 중요도가 낮아지면서 진리 역시 같은 신세가 되어버렸다. 아렌트는 이 점에 대해 냉정할 정도로 분명한 입장이다. "대중을 이끄는 지도자의 주요 자질은 끝없는 무오류성이 되었다. 그는 절대 오류를 인정할 수 없다."[8] 오류를 인정하는 것은 자신보다 더 강력한 무언가가 있음을, 자신의 승리, 곧 운동의 승리는 필연적이지 않을 수 있음을 인정하는 것이기 때문이다. 그 결과 "대중 지도자가 권력을 거머쥐고 현실을 자신의 거짓말에 맞춰 조작하기에 앞서, 이들의 선동에는 사실에 대한 극도의 경멸이 뚜렷하게 나타난다. 이들의 견해에 따르면 사실은 그것을 조작할 수 있는 사람의 손에 전적으로 달린 문제이다." 아렌트는 이미 수십 년 전에 이 점을 간파했다.[9]

오만함이라는 이데올로기는 불안한 자, 방어적인 자의 이데올로기이다. 사실 앞에서 말라 죽을까 봐 겁이 나서 진실에 적개심을 품을 수밖에 없는 이데올로기이다.


트럼프는
있는 그대로 말한다


권위주의 정치에서 진실의 역할에 대한 분석 그리고 그 정치에서 피지배자가 어째서 자신의 이익을 기꺼이 제쳐놓는지에 대한 아렌트의 분석은 역사적인 사례에 입각한 보편적인 논제다. 오늘날의 미국 정치는 우리에게 다양한 사례를 선사한다.

미국 정치에서 도널드 트럼프가 성공하게 된 수수께끼 같은 상황을 설명할 하나의 퍼즐 조각은 2016년 선거에서 트럼프가 복음주의 기독교도에게 받은 압도적인 지지다. 그는 사실 기독교 가치와 정반대되는 탐욕, 편협, 이기심, 겸손의 부재를 상징하는 듯했기에 이런 지지는 좌파 비평가들을 미궁에 빠뜨렸고, 복음주의자 내부에서도 적잖은 인사들이 혼란에 빠졌다. 트럼프가 인공임신중절과 동성결혼 같은 사안에서 전형적인 보수적 기독교 집단과는 거리가 먼 입장을 취했다는 것은 말할 필요도 없다. 그럼에도 사람들은 그를 지지했고, 그 지지는 현실이었다.

복음주의 저술가 스티븐 스트랭Stephen Strang은 2017년 자신의 책 《하나님과 트럼프God and Donald Trump》에서 바로 이 당혹감을 다루고자 했다. 이 책을 발행한 카리스마미디어의 경영자이자 출판인인 그는 트럼프의 선거운동에 참여했다. 책의 날개에 그는 자신이 '뉴욕에서 열린 선거 승리 파티'에 참석했다는 설명까지 담았다. 스트랭은 아주 많은 주류 공화당원과 자유주의자가 트럼프에 대한 복음주의자의 지지에 당혹스러워했다는 사실 자체가 트럼프가 선거에서 승리할 수 있었던 이유 중 하나라는 주장을 별로 은근하지 않은 방식으로 제시한다. 그는 '지배적인 진보주의 문화'가 이 지점을 놓쳤고 그래서 복음주의 운동과 많은 미국 유권자에 대한 기본적인 무지를 드러냈다고 지적한다.

복음주의 기독교도들이 어째서 트럼프를 지지했는가에 대한 스트랭의 설명은 두 갈래로 제시된다. 첫 번째는 지금은 익숙해진 문화적 서사다. 트럼프는 "나라가 자신들의 손아귀에서 벗어나고 있고 자신들의 도덕적 유산이 낭비되고 있다고 느끼는, 비행 통과 지역flyover zones[동부 연안과

서부 연안을 제외한 나머지 지역을 비하하는 표현]에 사는 남녀의 깊은 울화"를 이해했다.[10] 이 유권자들은 "오바마 행정부가 보여준 세계주의를 향한 요란한 행보에 신물이 났다. 이들은 미등록 이민자들이 자신의 지역사회에 미칠 영향을 우려했고 급진 이슬람 테러리즘의 위협을 정당하게 두려워했다"라고 그는 말한다.[11] 선거운동 초반에 스트랭은 "도널드 트럼프가 그런 감정을 공유하고 있음을 믿게" 되었다고 밝힌다. 얼마큼이 "전략"의 문제이고 얼마큼이 "나라의 미래를 위한 진짜 우려"인지에 대해 고민했다는 고백을 덧붙이며 말이다.[12]

그럼에도 책 전반에서 스트랭은 많은 복음주의자에게 중요한 점은 트럼프가 그들의 신앙을 공유하는지 또는 심지어 그들과 모든 가치를 공유하는지 여부가 아니었다고 주장한다. 스트랭은 트럼프가 기독교인이라고 생각하지만, 그가 복음주의 기독교와 주류 개신교의 차이를 이해하는지는 분명하지 않다고도 말했다.[13] 중요한 점은 트럼프가 '있는 그대로 말한다'는 것이었다. 그런 방식이 좌파 사이에서 인기가 없을 때마저, 심지어 특히 그런 때에 그렇게 했다. 어떤 인상적인 단락에서 스트랭은 2016년 공화당 전당대회에서 트럼프가 했던 연설을 다룬다. 이곳에서 트럼프는 미국이 위기에 처했고, 범죄가 걷잡을 수 없이 횡행하며 "누구도 이 시스템을 나보다 더 잘 알지 못하기 때문에, 나만이 그것을 고칠 수 있다"라고 선언한 것으로 유명하다. 주류 미디어는 이 연설을 듣고 침울한 디스토피아를 연상했지만 "미국에 대한 트럼프의 관점에 동의하는 사람들에게 ⋯ 그의 말은 고무적이었다. 누군가가 마침내 진실을 이야기하고 있었기 때문이다"라고 스트랭은 지적한다.[14]

아리스토텔레스는 진실을 이야기하는 것은 있는 것은 있다고 없는 것은 없다고 말하는 것이라고 했다. (이 말은 맞다.) 이렇게 이해했을 때 트럼프가 진실을 이야기하는 데 탁월하다는 생각은 뭐랄까, 기이하다. 그는 거의 아무 말이든 거리낌 없이 내던지고 사실에 구애받지 않기로 악명이 높다. (이 남자는 미국 보이스카우트 대원들 앞에서 횡설수설에 가까운 부적절한 연설을 했고, 그러고 난 뒤 스카우트의 대표가 직접적으로 부정을 하며 트럼프의 연설과 스카우트는 관계가 없음을 알리기 위해 진땀을 빼는 와중에도 대원들이 자신에게 "이제까지 들어본 중 가장 위대한 연설이었다"라고 말했다고 공표한 사람이었다.) 그러므로 우리는 핵심을 두고 다투기보다는 '있는 그대로 말한다' '진실을 말한다' 같은 표현들이 이런 맥락에서 사용되었을 때 무슨 의미인지를 물어봐야 할 것이다.

최소한 두 가지 해석이 가능하다. 한 가지는 어떤 사람이 '진실을 말한다'고 할 때 이것은 그가 객관적인 사실을 설명한다는 의미가 아니라 감춰져 있던 중요한 것을 기꺼이 이야기하고, 그 결과를 두려워하지 않는다는 의미라고 보는 것이다. '있는 그대로 말한다'는 표현에는 이런 식의 폭로적 용법이 있다. 그리고 많은 트럼프 지지자가 보기에 '주류 미디어'에 있는 사람들은 (기후변화는 사기라거나 이민자가 미국을 장악하고 있다 같은) 널리 드러나지 않았지만 중요한 '사실'이라고 생각하는 것을 별로 중요하게 여기지 않지만 트럼프는 기꺼이 입에 올린다고 생각한다. 이런 관점이 중요한 이유는 그 사람들이 이 관점은 아주 중요하다고, 심지어는 신성할 정도로 중요하다고 여기기 때문이다. 하지만 이런 관점은 고의적으로 가려지거나 무시당함으로써 감춰졌다.

'있는 그대로 말한다'는 표현의 또 다른 용법은 감정적 용법이라고 할 수 있다. 있는 그대로 또는 진실을 말하는 것은 당신이 느끼는 것을 말한다는 의미일 수도 있다. '있는 그대로'의 주어는 세상이 아니라 화자 자신이다. 그리고 일부 어쩌면 많은 트럼프 지지자를 매료시키는 것은 트럼프가 무엇을 말하는지가 아니라 그것을 말할 때 분노, 억울함, 극도의 자신감을 드러낸다는 점이다. 이런 감정에 대해서는 사과를 하거나 물러설 필요가 없다. 많은 사람들이 트럼프가 진실을 이야기한다고 말할 때 반응하는 것은 바로 이 지점이다. 발언 내용이 아니라 그가 드러낸 감정, 지지자가 생각하기에 그동안 무시당한 감정들과 과소평가된 경험들인 것이다. 사회학자 앨리 러셀 혹실드의 지적처럼 공동의 감정적 진실을 만천하에 드러내는 트럼프의 능력은 종종 추종자들을 고양시켜 파벌적인 충성심을 공고히 했다. 이 고양은 태도를 승인해주었다. "이 고양을 고수하려는 욕망은 감정적인 자기 이익의 문제가 되었다."[15] 이 관점에서 트럼프에게 투표하는 것은 단순히 올바른 정책이나 올바른 가치를 가진 누군가를 지지하는 문제가 아니었다. 그들의 태도를 공유하고 기꺼이 그것을 공개적으로 표현할 수 있는 사람을 지지하는 행위였다.

좌파들은 '있는 그대로 말한다' 같은 표현의 기본적인 모호함, 즉 '감춰진 사실을 드러낸다'와 '당신이 정말로 느끼는 것을 말한다'의 뒤섞임을 알아차리지 못할 때가 많다. 하지만 폭로적 용법과 감정적 용법은 어째서 이 표현이 트럼프 지지자에게 반향을 불러일으키는지를 설명하는 데 유익하다. 또한 어째서 그 많은 사람들이 (최소한 반대자들이 보기에는) 사실에 구애받지 않는 것처럼 보이는지를 설명하는 데도 유익하다. 만일 당신이 미디어와 과학 기관을 불신한다면 미디어에서 나온 정보와 과학적 증거를 인용해도 별 설득력이 없는 것은 당연하다. 하지만 당신이 미디어가 심오한 '진실'을 가리고 있다고 생각하는 것 역시 놀랍지 않다. 어떤 사실이 '숨겨져 있다'면 그 '숨겨진 사실'은 널리 전파되어야 한다. 그보다 더 널리 받아들여지는 진실이 있음에도 그 진실에 굴하지 않는다. 게다가 문화적 서사들은 우리의 태도를 담아내고 이런 서사는 다시 자아 정체성을 형성하는 확신을 결정하기 때문에, 당신의 태도와 감정에 대한 승인은 곧 그 정체성의 승인을 뜻한다. 이런 태도와 확신을 공유하는 사람들에게 '있는 그대로 말한다'는 그 정체성을 드러낸다는 의미이다. 증거는 핵심이 아니고, 사실을 인용하는 것은 정체성에 대한 공격처럼 보일 뿐이다.

스트랭이 이런 주장을 자기 입으로 하고 있다는 데 주목해보자. 그는 시작부터 트럼프에게 '감정 공유'가 중요했다는 점을 강조한다. 트럼프가 공유하는 정책 비전을 걱정하는 게 아니라 그가 감정적으로 진정성이 있는지 여부를 고민했다. 하지만 내가 앞서 지적했듯 스트랭 역시 자신의 주장에 두 번째 지점을 덧붙인다. 복음주의자가 트럼프를 지지하는 것이 합리적인 이유를 신학적으로 설명한 부분이다. 그는 과거 워터게이트에 가담했다가 이후 복음주의 성직자가 된 척 콜슨Chuck Colson의 '일반 은혜common grace' 개념을 인용한다. 스트랭의 설명에 따르면 "이 개념의 핵심 측면은 하나님의 의제와 목적을 보호하는 데 있어서 역사적으로 대단히 중요한 시기에는 세속 지도자가 세워진다고 본다. 이런 지도자는 실제로 하나님을 알든 모르든, 심지어 하나님의 의지를 행함에 관심이 있든 없든, 유일무이한 역할을 위해 선택된다."[16]

스티븐 스트랭은 바로 이런 일이 트럼프에게 일어났다고 시사한다. 트럼프는 하나님에게 선택받았고, 트럼프가 기독교인이든 아니든 기독교적 가치를 따르든 아니든 복음주의자에게는 크게 중요하지 않았다. 핵심은 그가 자기 지지층을 권력으로 인도하도록 선택받았다는 사실이다. 다른 생각을 품는 것은 하나님이 자비롭게 선사한 일반 은혜를 무시하는 것이다. 따라서 스트랭이 남부의 침례교도인 러셀 무어Russell Moore가 선거운동 기간에 트럼프에 반대하는 목소리를 드높인 것을 두고 가장 심한 욕설을 퍼부은 것은 어쩌면 당연한 일인지 모른다. 스트랭은 트럼프에게 반대하는 것은 하나님의 의지에 반대하는 것과 마찬가지라고 생각하기 때문이다.

백인의 지위가
위협받고 있다

'어째서 그 많은 복음주의자가 트럼프를 지지했는가'라는 의문은 더 큰 질문으로 나아간다. 이는 아렌트가 분명하게 관심을 기울인 문제의 한 사례에 불과하다. 그 문제란 바로 '사람들은 어째서 권위주의적 지도자들이 자신의 아이들을 기꺼이 잡아먹는 때마저 그리고 특히 그러한 때에 그들을 지지하는가'이다. 스트랭의 대답은 확실히 문화적이고 종교적이고 심리적이지만 경제적이지는 않다. 그것은 정체성과 태도의 문제이지 돈의 문제는 아니다.

하지만 어떤 사람에게 이런 부류의 대답은, 특히 트럼프의 경우, 바로 그 이유 때문에 거짓으로 들린다. 이 대항 서사에 따르면 사람들이 트럼프를 지지하고 싶어 한 진짜 이유, 그들이 초가삼간을 불태워버리고 싶어 한 진짜 이유는 트럼프가 그들의 태도를 인정해줬기 때문이 아니다. 해안가의 엘리트들에게는 보상을 해주고 이 엘리트들이 '비행 통과 지역'이라고 비하하는 나머지 지역은 뒤처지게 내버려둔 그 시스템, 이 불평등으로 가득한 경제 시스템에 완전히 좌절했기 때문이다.

이런 경제적 설명은 특히 좌파 전략을 둘러싼 일반적인 그리고 아직도 진행 중인 논쟁에서 두드러진다. 정치 분석가 토머스 프랭크Thomas Frank 등이 대변하는 쪽에 따르면 민주당이 2016년 대통령 선거에서 패배한 주요 원인은 사람들이 인종주의자나 성차별주의자라는 이유로 트럼프를 지지한다고 추정했기 때문이다.[17] 이들은 이런 추정이 두 가지 심각한 오류로 이어졌다고 생각한다. 첫 번째, 진보주의자들은 트럼프에게 투표한 사람들을, 힐러리 클린턴의 악명 높은 표현에 따르면 "개탄스러운 자들deplorables"이라고 일축함으로써 오만한 도덕적 우월감을 드러내며 반대편을 자극했다.[18] 두 번째, 민주당원들은 인종주의와 성차별주의라는 동기에만 집중함으로써 트럼프와 버니 샌더스Bernie Sanders 양쪽의 지지자를 자극하는 한 가지 주제를 놓쳐버렸다. 그것은 바로 노동계급 대다수보다 엘리트에게 더 유리한 경제적 권력 구조였다. 이런 이해 방식에서 트럼프 지지자의 투표 동기는 주로 경제적 계급 때문이지 인종, 성, 젠더, 그 밖에 문화적 사안들 때문이 아니었다. 그리고 이 사실을 무시할 경우 좌파는 계속 열세를 면치 못할 것이다.

많은 미국인들이 좌파를 나머지 사람들을 깔보는 오만한 '노잇올'이라고 여기는 것은 당연하다. 어쩌면 일각에서 생각하는 이유 때문은 아닐 수 있겠으나 이런 비난에는 진실 이상의 요소가 있다. 이는 뒤에서 살펴볼 것이다. 내가 여기서 하고 싶은 말은 그보다는 더 단순하다. 2016년 선거를 둘러싼 숱한 논쟁이 왜 그렇게 많은 백인 미국인들이 트럼프에게 표를 던졌는지 설명하기 위해 문화와 경제 중 하나를 선택해야 한다고 가정했다는 점이다. 이는 잘못된 딜레마다. 세 번째 선택도 가능하다. 문화적인 설명과 경제적인 설명 모두 진실의 일면을 포착하고 있고, 실은 더 일반적인 사실에 대한 서로 다른 설명일 뿐이라는 것이다. 흥미롭게도 우리는 스트랭의 분석을 통해 그 이유를 확인할 수 있으며 심지어 분명하게 뒷받침할 수 있다. 여기서 더 일반적인 사실이란 바로 많은 백인 기독교 남성들이 트럼프에게 표를 던진 것은 문화적 또는 경제적 측면에서 '미국적인 생활양식'이 위협을 받고 있다고 느꼈고, 그 결과 지위를 잃게 될까 봐 두려워하기 때문이라는 것이다.

정치학자 다이애나 무츠Diana Mutz는 바로 이 사실을 보여주는 데이터를 광범위한 연구를 통해 수집했다. 무츠의 연구는 '미국적인 생활양식'이 위협을 받고 있다는 인식이 2016년 선거에서 트럼프 쪽의 지지를 나타내는 믿을 만한 지표였다는 사실을 보여준다.[19] 본질적으로 무츠는 (1) 사회 속 자신의 지위 (2) 세계 속 미국의 지위가 위협을 받고 있다고 느낀 백인 기독교도 미국인들이 트럼프에게 표를 던질 가능성이 가장 높았을 뿐만 아니라 과거에 민주당에 투표를 한 경우에도 트럼프를 지지할 가능성이 높았다고 주장한다. 그리고 의미심장하게도 여러 연구들은 많은 유권자들이 과거 선거에서는 이런 종류의 지위 위협을 느낀 적이 없음을 시사한다. 사람들이 한 가지 또는 두 가지 모두의 위협을 느끼게 된 것은 최근 몇 년 사이였다.

이 지점은 두 가지 이유에서 중요하다. 첫 번째, 그것은 정치 캠페인이 사람들에게 새로운 투표의 동기를 (최소한 일반적으로) 제공하지 못하고 단지 기존의 동기를 더 두드러지게 만든다는('문제는 경제라고, 멍청아!') 공인된 지혜와 상반된다. 이는 트럼프의 캠페인이 사실상 최소한 일부 유권자에게 새로운 방식으로, 즉 개인적인 지위나 국가적인 지위의 상실에 대한 두려움을 조장함으로써 동기를 부여하는 데 성공했음을 시사한다.

두 번째, 그것은 이렇게 새로운 동기를 갖게 된 유권자들이 어째서 트럼프에게 표를 던지게 되었는지를 설명하는 데 유익하다. 무츠는 지위 위협을 경험하게 된 사람들, 다시 말해서 개인적인 지위나 국가적인 지위에 위협이 가해지고 있다는 확신을 품게 된 사람들은 지난 위계 질서의 재건을 강조하는 후보를 지지하는 경향이 있다고 주장한다. 예를 들어 얼마 안 가 자신들이 인종적 다수를 차지하지 못하게 될 것이며, 미국에서 백인이 흑인보다 더 차별을 받게 되었다며 (일부 사람들은 그렇게 믿는다) 갑자기 두려움에 떨게 된 백인들에게 "미국을 다시 위대하게 만들겠다"라고 약속하는 후보는 직관적으로 끌리는 데가 있었던 것이다.

여기서 핵심은 지위 위협이라는 설명 방식이 다양한 원인에서 인지되는 위협과 일맥상통한다는 점이다. 어떤 사람에게 가장 크게 인지되는 위협은 인종과 관련된 것일 수 있다. 백인이 더 이상 인구의 다수를 차지하지 못하게 되는 미래에 대한 두려움 말이다. 또 어떤 사람은 젠더와 관련된 두려움을 느낄 수도 있다. 권력을 쥔 자리에서 남성이 여성에게 밀려나고 있다는 두려움 말이다. 또 어떤 사람은 '낙오자left-behind' 테제가 시사하듯 경제와 관련된 위협을 느낄 수 있다. 세계 무역 정책이 다른 나라와 경쟁을 통해 세계 최강의 경제국, 무엇보다 백인 남성에게 안정된 일자리를 제공해주는 경제국이라는 지위를 유지할 수 있는 미국의 능력을 잠식하고 있다는 두려움이 이에 해당한다. 또 어떤 사람에게 인지된 위협은 기독교적 가치가 더 이상 공적인 영역에서 논의를 지배하지 못하고 있다는 두려움일 수 있다. 또는 이 모든 것이 결합된 것일 수도 있다.

이런 여러 두려움은 형태는 달라도 유권자라는 서로 연결된 집단의 문화적 지위가 실제 또는 인지적으로 위협받는 상황에 대한 반응이라는 공통점이 있다. 그리고 무츠의 핵심과 재미있게도 스트랭의 핵심 역시 지위에 대한 이런 위협이 가장 중요하다고 본다. 무츠의 데이터가 보여주는 바에 따르면 이런 위협은 존재만으로도, 가령 어떤 사람이 경제적 곤경을 경험하든 하지 않든, 백인으로서 개인적으로 차별당한다는 기분을 느끼든 느끼지 못하든 트럼프를 지속적으로 지지하게 만들기 때문이다.

지위 위협은 소수 인종이나 여성이 도덕적으로나 지적으로 열등하다는 노골적인 믿음으로 이루어진 명백한 인종주의나 성차별주의를 요구하지 않는다. 트럼프에게 표를 던진 대부분의 사람들은 자신들이 이런 명백한 의미의 인종주의자나 성차별주의자라는 생각을 억울해하며 거부한다. 그리고 자신들은 많은 자유주의자들이 말하듯 그렇게까지 노골적인 인종주의자나 성차별주의자는 아니라고 정당하게 지적한다.[20] 지위 위협의 경우 **명백한** 인종주의나 성차별주의는 문제의 핵심과 무관할 수 있다. 그렇지만 미세한 종류의 부정적인 인종, 종교, 젠더상의 태도를 근거로 느낄 수 있다. 가령 여성 또는 소수 인종이 '현 상태에 위협이 되기에 충분히 막강하다'고 인식하는 것이다.[21] 무츠의 연구가 보여주듯 "백인이 소수 인종보다 더 많이 차별을 받는다고 인지하는 개인은 기독교도와 남성 역시 이슬람교도나 여성보다 더 많은 차별을 겪고 있다고 인식한다. 전자의 집단들이 지배적인 지위에 있는데도 말이다."[22]

트럼프의 캠페인이 진행되는 동안 이런 감정의 정수를 명석하게 뽑아낸 것으로는 "미국을 다시 위대하게Make America Great Again"라는 구호와 "미국 우선America First"이라는 구호를 들 수 있다. 특히 "미국 우선"은 나중에 또 다른 유용한 애매모호함을 담고 있는 구호로 판명되었다. 처음에 비평가들은 이 구호를 단순히 분리주의 성향의 사고방식 정도로 여겼다. 즉, 선출직 관료는 국익을 돌봐야 하고, 자국의 이익을 다른 나라의 이익보다 우선시해야 한다는 정책을 승인하는 것으로 여겼다. (일각에서 생각하는 것처럼 어쩌면 미국이 '예외적'이거나 '역사적으로 독특하기' 때문이다.) 하지만 트럼프와 그의 가장 열렬한 추종자 다수에게 "미국 우선"에서 '우선'은 '승자' 또는 '제일'이라는 의미일 뿐이다.

이렇게 생각했을 때 "미국 우선"은 정책을 기술하는 것이 아니라 태도의 표현이다. 미국은 우발적인 역사적 사실로서뿐만 아니라 **직관적으로도** 우월하다는 태도 말이다. 그런데 이 나라는 수년간 민주당이 집권하면서 더럽혀졌고, 그래서 예전의 황금 잎이 빛을 뿜어내려면 트럼프가 조금 광을 내줄 필요가 있다. 그러나 미국은 여전히 제일이고 가장 승자에 가까우며 변함없다. "미국 우선"을 이런 식으로 이해하는 것은 '있는 그대로 말하기'처럼 그 구호가 어떤 지적인 의미를 담은 승인이나 진술이 아니라 감정을 표현한다고 이해하는 것이다. 그것은 역설적으로 여러 사건들 때문에 합리적으로 정당화하기 더 힘들수록 미국 문화 속에 더 똬리를 틀게 된 어떤 태도를 표현한다. 이 태도는 정치 영역 너머로 뻗어나간다. 많은 백인들에게 이 태도는 문화적인 정체성 그 자체로 이어진다. 미국의 진정한 위대함은 존재할 수 있는 가장 위대한 생활양식을, 맥주 광고에 어렴풋하게 등장하는 생활양식을, 백인 기독교도 미국인들이 특권적인 역할을 하는 그 생활양식을 창조해냈다는 데 있다. 그러므로 그것이 실제이든 그저 상상에 불과한 것이든 이 이미지에 대한 위협은 불안을 자아낸다.

이런 종류의 불안은 그 자체로 울화를 자극할 수 있다. 혹실드는 통찰력 있는 비유를 제시한다. 미국에서 보수적인 백인들은 스스로를 아메리칸드림을 위해 참을성 있게 줄을 서서 기다리고 있다고 생각한다. 하지만 그들은 기다리는 동안 자신과 아주 다른 외모를 가진 많은 사람들이 '새치기를 하고 있다'는 말을 듣는다. 게다가 그들보다 훨씬 앞에 있는 다양한 사람들, 어쩌면 해안 쪽에 사는 더 부유한 사람들은 피부색이 더 짙은 다른 사람들을 위해 자리를 맡아두고 있다. 그들은 이 상황을 보고 울화통을 터뜨린다. 훨씬 앞에 있는 사람들이 울화통을 그만 터뜨리라고 말하자 그들은 훨씬 더 큰 울화를 느낀다.

이 비유에 따르면 트럼프는 이미 줄 맨 앞에 서서 당신의 감정을 다시 불러내고 승인하며, 당신의 자리를 맡아놓겠다고, 새치기하는 사람들이 당신에게서 그 자리를 채 가지 못하게 막아주겠다고 약속하는 사람과 비슷하다. 트럼프가 당신과 많이 비슷하지 않다는 사실은, 사실 그는 당신이 울화통을 터뜨리는 대상과 더 비슷하다는 사실은 중요하지 않다. 오히려 그 점은 유용하다. 그 덕에 그는 앞쪽 자리를 차지할 수 있었으니까.

이 줄서기 비유는 여러 면에서 시사하는 바가 크다. 이 비유는 미국의 많은 트럼프 지지자 사이에서 활성화된 울화의 종류를 설명하는 데 도움이 된다. 그것은 자신이 부유하기 때문에 대통령 일에 가장 잘 맞는 사람이라는 트럼프의 되풀이되는 주장을 어째서 사람들이 기꺼이 믿으려 하는지를 설명해준다. 만일 그 일이 주로 백인으로 이루어진 유권자들에게 손을 뻗어 새치기를 할 수 있게 도와주는 것이라면 실제로 그의 재력이 도움이 되기 때문이다.

혹실드는 강조하지 않았지만 줄서기 비유에서 파생되는 또 다른 핵심이 있다. 그것은 바로 트럼프에게 투표한 사람들의 울화가 그들이 **마땅히 누려야 하는** 앞자리를 손에 넣지 못했다는 인식에서 비롯된다는 사실이다. 만일 당신이 지금보다 훨씬 앞자리에 있어야 **마땅하다고** 알고 있다면 (또는 안다고 생각한다면) 당신은 당연히 당신보다 앞에 있는 모든 사람들에게 분노를 느끼고, 그 이유를 찾을 것이다. 그리고 당신은 그 설명에 무지막지한 자원을 쏟아 넣고, 그것을 그저 추측으로만이 아니라 믿음으로 여길 것이다. 그것은 확신이 되고 당신의 자아 정체성의 일부가 될 것이다. 사람들이 어떻게 그런 확신을 품을 수 있냐고, 어째서 울화통을 터뜨리느냐고 비판하면 당신은 방어적이 될 것이다. 마치 당신이 공격받고 있는 것처럼 느낄 것이다. 사람들이 당신에게 뭘 느껴야 하는지를 가르치고 있는 것처럼 보일 것이다.

하지만 줄에서 당신이 마땅히 있어야 할 자리를 손에 넣지 못했다는 생각은 애초에 '마땅한' 자리가 있음을 전제한다. 마땅한 출발선이 존재한다는 생각, 어떤 사람의 출발선은 백인이 아닌 사람보다 훨씬 앞이라는 생각은 가장 낡고도 가장 위험한 발상 중 하나다. 자유주의자들이 트럼프 지지자들의 울화를 비난할 때 그 발상을 지적하는 것이다. 백인들이 자신이 백인이라는 이유로 울화를 느껴서는 안 된다고 말하는 것이다.

당연히 많은 트럼프 지지자들은 이 울화의 근원을 이런 식으로 간주하지 않는다. 그들은 자신들이 가진 것을 얻기 위해 노력했다. 그들은 지금 서 있는 자리보다 훨씬 앞에 있어야 한다. 이는 합리적인 관점이다. 그러므로 앞서 확인했듯 소득 불평등이 그 자체로서든 인종적인 두려움과 결합해서든 지위 위협 역시 유발한다고 생각하는 것은 완전히 합리적이다. 중요한 것은 백인이 트럼프를 지지하는 이유가 정체성이나 문화적인 문제 때문인지 경제적인 문제 때문인지 생각에 골몰하는 것이 아니다. 더 나은 설명은 두 문제 모두가 부추길 수 있는 태도를 가리킨다. 트럼프에게 표를 던진 사람들이 울화와 우려로 가득 차 있는지에 대한 (내부의) 스트랭의 분석과 (외부의) 사회학적 분석이 맞아떨어진다는 사실은 시사하는 바가 크다. 두 경우 모두 핵심은 트럼프를 지지하는 많은 백인들의 동기는 그들의 태도에 있음을 보여준다. 즉 그들이 줄에서 마땅한 자리를 손에 넣지 못한 데서 두려움을 느끼고 그 두려움 때문에 불안과 분노를 느낀다는 점이 핵심이다.

이러한 태도는 지위 위협 불안의 내부 논리와 함께 권위주의 정치를 먹여 살린다. 아렌트는 이 점에 대해 분명한 입장이었다. "정치적으로 말해서 파벌적인 국가주의는 자국민이 '적들의 세상'에서 '홀로 전부와 맞서야' 하는 상황에 둘러싸여 있다고, 자국민과 그 외 나머지 모든 사람 간에는 근본적인 차이가 있다고 항상 주장한다." 하지만 동시에 "이들은 자국민이 유일무이하고, 개별적이며, 나머지 모두와는 양립 불가능하다고 주장한다."[23] 다시 말해서 국가주의의 언어는 지위 불안에 말을 거는 언어이다. 그것은 파벌적인 오만함의 언어다.


## 오만함과 무지
## 그리고 경멸


나는 내가 여기서 하고 있는 주장과 하지 않는 주장을 분명하게 밝히고 싶다. 내가 하고 있는 주장은 국가주의와 권위주의 정치의 등장은 종종 폭넓게 공유된 방어적인 심리사회적 태도, 즉 지위 위협의 등장과 관련이 있다는 것이다. 나는 지위 위협이 설명 과정에서는 구분되긴 하지만, 때로는 경제적 두려움이나 인종적 두려움 또는 두 가지 모두에서 비롯되기도 한다고 주장했다. 지위 위협을 느끼는 사람들은 파벌적인 오만함을 조장하고, 위대함으로의 귀환을 보장하며, 자신이 진짜 우월하고 줄의 맨 앞에 있어 마땅하

다는 점을 상기시키는 정치 이데올로기와 서사에 동질감을
느끼는 경향이 있다. 그리고 한나 아렌트가 지적했듯 이런
오만함의 이데올로기는 대단히 위험하다.

　　모든 보수 성향의 미국인이 이런 정치적 관점을 적극
적으로 포용한다거나 애초에 지위 위협을 느낀다는 것은
내가 하려는 말이 아니다. 행정부 안팎에서 트럼프에 반대
하는 보수 인사의 존재는 이 점을 분명하게 보여준다. 많은
보수적인 지식인, 로스 두댓Ross Douthat에서부터 데이비드
브룩스David Brooks, 아서 브룩스Arthur Brooks, 조나 골드버그
Jonah Goldberg 등이 트럼프와 그 추종자가 옹호하는 국가주
의적인 정치를 정치적 보수주의와 구분하는 데 열을 올렸
다. 사실 좀 더 전통적인 보수주의와 내가 다루고 있는 오만
함의 이데올로기 사이의 구분은 중요하다. 우리는 아직도
문화적 서사를 둘러싼 전투 중에 있기 때문이다. 실제 전쟁
이든 문화적인 전쟁이든 전쟁의 양측은 당연히 모두가 이
쪽 아니면 저쪽에 확실히 전념한다고 선언한다. 하지만 현
실은 그렇지 않다. 그보다 많은 사람들은 그저 이쪽 아니면
저쪽으로 살짝 기울 뿐이다. 그러므로 만일 당신이 문화 전
쟁에서 승리하거나 전쟁의 뇌관을 제거하고 싶으면 이 점
을 이해할 필요가 있다. 전쟁은 확신의 참호 속에서 치러진
다는 점을 깨달아야 한다. 다시 말해서 전쟁은 누구의 서사
가 약한 믿음을 강한 확신으로 전환할 수 있는지를 둘러싸

고 벌어진다.

　중도 보수주의자와 달리, 많은 극우 인사는 내가 보기에 이 점을 아주 분명하게 알고 있다. 그들은 오만함의 과즙을 빨아들였고 진실의 왜곡을 친구로 삼는다. 좋은 예로 초보수적인 대의와 관련된 사실상의 모든 폭력 행위가 벌어진 뒤에 불쑥 등장하는 음모론을 들 수 있다. 2장에서 우리는 이런 음모론 중 하나인 피자 게이트를 살펴보았지만 여기서는 2017년 8월 버지니아주 샬러츠빌에서 일어난 사건 직후 등장한 음모론을 예로 드는 게 좋겠다.

　그달 둘째 주에 신나치들이 버지니아대학교 캠퍼스에서 "유대인은 우리를 대신하지 못한다" "피와 토양"(나치의 역사적인 구호)을 외치면서 행진을 벌였다. 이들의 표면적인 목적은 남부 연합의 상징물인 로버트 리Robert E. Lee 기념비를 없애겠다는 샬러츠빌 시의 계획에 항의하기 위한 것이었다. 여기에 맞서 인종주의 반대 시위도 함께 열렸다. 그런데 다음 날 한 백인 남성이 자신의 차를 몰아 반대 시위대를 향해 돌진했고, 그 바람에 서른두 살의 반인종주의 시위 참가자 헤더 헤이어Heather Heyer가 목숨을 잃었다. 이 사건이 있은 직후 인포워스Infowars[1999년에 만들어진 가짜 뉴스 사이트]의 앨릭스 존스Alex Jones가 이 살인 사건뿐 아니라 '우파여 단결하라'라는 시위 자체가 사실 딥스테이트deep state[민주주의 제도 바깥의 권력 집단]와 유대인 억만장자 조지 소로스가 공모하여 연출한 '위장 술책' 공격이라고 주장한 것으로 전해졌다.[24] 존스는 자신의 차량을 살인 무기로 이용한 남성도, 신나치들도 사실상 유급 배우라고 주장했다고 한다. 이 주장은 당연히 인터넷의 어두운 구석구석으로 퍼져나갔고 몇몇 공화당 국회의원을 비롯한 좀 더 주류적인 인사들 역시 이 소식을 접했다. 가령 애리조나주 하원의원 폴 고사Paul Gosar는 한 인터뷰에서 "어쩌면 [그 시위는] 좌파가 만들어낸 것이었는지 모른다"라고 이야기했고, 그는 또 다른 인터뷰에서 소로스가 '우파여 단결하라' 배후에 있었다는 "증거가 곧 나올 것"이라고 말한 것으로 전해졌다.[25]

이는 충분히 기괴하다. 어쨌든 자유주의 성향의 운동가들이 나치를 가장해서 역시 위장을 하고 있던 자기편을 죽였다는 주장이기 때문이다. 하지만 이는 남부 연합을 위해 싸웠던 백인 장병 기념비라는 더 넓은 문화적 서사를 분명하게 부채질하는 극우 정치 전략의 한 사례에 불과하다. 남부의 많은 백인에게 이런 동상은 그들의 유산일 뿐만 아니라 지역 전체의 유산을 상징한다. 하지만 조상이 노예였던 아프리카계 미국인을 비롯한 다른 사람들이 보기에 이 동상은 노예제를 보호하고 사실상 그것을 지키기 위해 싸웠던 문화적이고 정치적인 운동을 기리는 상징물이다. 이 논쟁은 앞선 두 장의 전반적인 요지를 압축한다. 맹목적인 확신은 더 넓은 문화적 서사의 결과로 형성되고, 정치 이데올로기는 사람들이 이런 서사를 위해 때로는 폭력적인 방식으로 행동하도록 부추길 수 있다. 극우 진영이 음모론을 옹호하는 태도를 보면 이데올로기를 연료로 삼는 서사들이 부분적으로는 파벌적인 오만함의 서사를 독려하면서 작동함을 알 수 있다. 즉, 세상에 대한 확신을 무기로 자명한 사실을 왜곡하고 사실상 이런 왜곡을 부추기는 것이다.

우리는 지적 오만함 그리고 특히 파벌적인 오만함의 태도를 더 상세히 살핌으로써 이 주장을 풀어헤칠 수 있다.

내가 이 책의 서문에서 지적했듯 오만함은 단순히 자기 가치에 대한 오판이 아니다. 오만함은 **오만함의 기반**에 대한 자기 망상을 발판으로 삼는다. 지적으로 오만한 사람은 자신이 느끼는 우월함이 지식에서 비롯된다고 생각하지만 사실 그것은 **자부심**에 대한 방어적인 관심을 반영한다.

이런 망상은 파벌적인 오만함 안에서도 작동한다. 파벌적인 오만함은 보통 **특정** 집단과 그 집단과 관련된 정보원을 겨냥한다. 그 결과 아프리카계 미국인과 라틴계 이민자에게 오만한 사람은 CNN과 〈뉴욕타임스〉처럼 이들 집단에 우호적으로 인식된 뉴스 소식통을 '가짜 뉴스'라고 일축할 것이다. 그리고 사람들이 어떤 집단을 **향해서** 오만할 수 있듯, 어떤 집단이기 **때문에** 오만할 수도 있다. 즉, 사람들은 자신이 동일시하는 집단에 속하기 위해서는 **특정 서사**

와 확신이 반드시 필요하다고 생각하기 때문에 이런 서사와 확신에 대해 오만해질 수 있다. 집단의 공유된 정체성에 중요한 믿음이 그 문화적 서사의 일부가 되는 것이다. 이런 믿음은 검토 대상이 되지 않고 그로 인해 어떤 대가를 감수하든 반증으로부터 보호받는다.

오만함의 핵심에 있는 망상에는 두 얼굴이 있다. 망상의 첫 번째 얼굴은 인식론적이다. 파벌적으로 오만한 사람들은 자신의 우월성에 대한 자신감은 상대보다 더 똑똑하고 신뢰할 만하며 지식이 많다는 사실에서 기인한다고 믿는다. 하지만 위장 술책 음모를 받아들이는 사람처럼, 분명한 증거를 진지하게 받아들이지 않으려는 이들의 태도는 자신이 동일시하는 문화적 서사를 방어적으로 보호하기 위해 형성되었을 가능성이 더 높다. 이러한 태도가 광범위하게 공유된 파벌적인 오만함으로 표현될 때, 그것은 고의적인 무시로, 즉 증거를 받아들이지 않는 체계적이고 조직적인 태도로 귀결된다.[26]

이런 적극적인 무시는 음모론 수준에서만 작동하는 것이 아니다. 남북전쟁 기념비를 둘러싼 더 일반적인 문화적 충돌 수준에서도 작동한다. 양측 모두 분명히 알고 있지만, 이 충돌은 오래된 석상에 대한 것이 아니라 역사를 둘러싼 것이다. 이 기념비를 옹호하는 많은 백인들에게 이 사안은 단지 역사적인 사실 또는 심지어 남부를 위해 싸웠던 백인들의 육체적인 용감함을 인정하는 수준에서 그치지 않는다. 기념비를 옹호하는 사람들이 그것을 박물관에 갖다 두는 것을 용납하지 않는다는 사실로부터 우리는 이 사안에 그 이상의 의미가 있음을 알 수 있다. 이는 예일대학교의 철학자 제이슨 스탠리Jason Stanley가 유용하게 설명한 '신화적인 과거mythic past'를 둘러싼 싸움이다. 전쟁의 대의에서 노예제의 역할을 축소하고 재건의 기반을 약화시킨 백인들의 인종주의를 축소하는 식으로 남북전쟁의 역사를 적극적으로 재서술하는 행위인 것이다.[27]

망상의 두 번째 얼굴은 도덕적이다.[28] 파벌적인 지적 오만함은 '우리' 대 '그들'에 그치지 않는다. 그것은 '그들' 위에 있는 '우리'에 대한 것이다. 이 점은 인종주의의 파벌적 오만함에서 가장 두드러진다. 인종주의자는 자신이 다른 인종보다 우월할 뿐만 아니라 다른 인종은 어떤 식으로든 결함이 있다고 생각한다.[29] 파벌적으로 오만하기는 해도 인종주의자는 아닐 수 있다. 하지만 최소한 어느 정도 파벌적으로 오만하지 않고는, 달리 말해서 앎에 대한 자신의 능력이 우월하고 자신은 도덕적으로 칭찬을 받을 만하지만 다른 사람들은 도덕적으로 비난을 받아도 싸다는 생각을 하지 않고서는 인종주의자가 되기 힘들다. 이는 일반적으로 인종주의 성향이 있든 없든 지적으로 오만한 사람들에게도 해당된다. 그들의 앎은 우월하고 그들은 다른 사람들은 모르는 진실을 알고 있다. 그들은 이것을 자신의 인간성 역시 **도덕적으로 우월하다**는 의미라고 생각한다. 그들은 뭐가 뭔지를 알기 때문에 더 나은 사람이며 '다른 사람들'은 상황 파악을 제대로 못하는 데 책임이 있다. 파벌적인 오만함이 경멸을 불러일으키는 것은 이 때문이다. 다른 사람의 믿음, 가령 다른 사람의 종교적 믿음을 경멸하는 것은 그것이 합리적으로 열등하거나 어떤 면에서 무가치하다고 바라보는 것이다. 그 믿음을 가진 사람들을 정신이 박약하거나 착각에 사로잡힌 사람들이라고 혹은 둘 다에 해당한다고 생각하는 것이다.

종합적으로 볼 때 파벌적인 오만함 속에서 작동하는 망상의 두 얼굴은 사르트르의 나쁜 신념과 비슷한 것으로 정보 환경의 오염과 부패에 따라 훨씬 쉽게 증거를 부정한다.[30] 이런 부패는 거의 어떤 것이든 진지하게 받아들여질 수 있는 환경을 조성한다. 아무리 미친 주장이라도 믿을 만하게 여겨질 수 있다. 이런 부패한 정보환경은 남의 말에 잘 속으면서도 냉소적인 태도를 가능하게 만든다. 온라인상에서 전파되는 음모론 같은 것을 통해 종종 확인하듯이 말이다. 남의 말에 잘 속으면서도 냉소적인 태도는 나쁜 신념이 대규모로 퍼지도록 만들 수 있다. 이것은 특히 오만함의 이데올로기를 퍼뜨리려는 권위주의적인 지도자에게 유용하다. 아렌트의 지적처럼 "이런 조건에서는 어느 날 사람들에게 가장 기상천외한 진술을 믿게 만들고, 다음 날 그 사람들에게 그들이 틀렸음을 입증하는 반박 불가능한 증거를 들이밀었을 때 이들이 대수롭지 않다는 듯 반응하면서 냉소적인 태도를 보이리라고 충분히 예상할 수 있다. 사람들은 자신에게 거짓말을 한 지도자를 저버리는 대신 그 진술이 거짓말임을 다 알고 있었다고 항변하면서 자신의 지도자가 똑똑하고 전술적으로 우수하다며 존경을 표할 것이다."[31]

하지만 지적 오만함의 핵심에 있는 나쁜 신념은 증거를 무시하는 수준을 훨씬 넘어설 수 있다. 오만함은 진실과의 관계를 왜곡한다. 우리가 오만함의 희생양이 된다면 어느 정도 우리의 세계관은 그저 우리 것이라는 이유만으로 옳다는 생각의 희생양이 되는 것이다.

여기에는 두 가지 의미가 있을 수 있다. 첫 번째, 자존심과 진실을 일치시키는 것이다. 아렌트의 지적처럼 이런 일은 권위주의적 지도자에게 종종 일어난다. 어떤 지도자가 자신의 관점이 올바른 까닭은 그것이 진실이기 때문이라고 믿는다면, 그는 단지 자신이 관점을 지녔다고 해서 자신의 믿음이 진실되었다는 듯이 행동할 수 있다.[32] 이는 마치 자신이 신이라고 생각하는 것과 같다. 그는 자신이 p를 믿으면 p인 거라고 생각한다. 그렇다고 해서 그가 마음을 바꿀 수 없다거나, 한번 p를 믿으면 항상 p를 믿어야 한다는 의미는 아니라는 점에 유의하자. (고전적인 부정법을 가정했을 때) 그것이 의미하는 바는 p가 아닐 경우 그는 p를 믿지 않고, 그가 p가 아니라고 믿게 되면 p가 아니라는 것이다. 어떤 신성한 것이 그의 마음을 바꿔놓을 수도 있지만, 그가 마음을 바꿀 때는 현실도 같이 바뀐다.[33] 이는 기괴한 진리 개념이고, 누구도 그것을 일관성 있게 방어할 수 없다. 하지만 나는 절대 지적 오만함이 말이 된다고 이야기하지 않았다.

하지만 이는 극단적인 지적 오만함이 우리의 삶이나 권위주의적 지도자 안에서 불쑥 나타날 수 있는 유일한 방법도 가장 일반적인 방법도 아니다. 오만함이 진실과의 관계를 왜곡하는 두 번째 방법은 진실에 우선적으로 관심을 두지 않는 데서 기인한다. 어떤 사람들, 특히 어떤 힘 있는 사람들에게 중요한 것(그들이 보기에 자신들의 의견을 옳은 것으로 만들어주는 것)은 자신이 진실을 장악하고 있다는 사실이 아니라 자신에게 권력이나 명석함 또는 부가 있다는 사실이다. 즉, 그것은 그들의 자부심과 관련이 있다. 진실에 대한 나쁜 신념은 파벌적인 수준에서도 작동한다. 이는 관련 집단이나 공동체가 어떤 것을 확신하면 그게 진리라는 생각을 조장할 수 있다. 또는 진실이 중요하지 않거나 무시될 수도 있다. 중요한 것은 집단의 충성이다. 힘이 곧 정의이고 진실은 상관할 바 없다.

오만함 안에 작동하는 나쁜 신념은 단순한 편협함 이

상을 의미한다.[34] 당신은 더 거대한 문화적 서사와 동일시하거나 그 진실에 대해 방어적인 태도를 취하지 않고도 편협할 수 있다. 당신은 그저 정보오염에 둘러싸여 있거나, 비판적으로 사고하는 기술이나 관련 개념이 부족하거나, 정부가 일종의 검열 같은 것을 통해 사람들이 논쟁하지 못하게 하는 곳에 살 수도 있다. 하지만 오만함은 나쁜 신념에서, 자신이 가진 자신감의 근간에 대한 망상에서 기인한 독단적인 편협함이다.

나는 앞서 몇 장을 통해 온라인과 오프라인에서의 삶이 정체성과 확신을 공유하는 우리가 모든 걸 파악했고 안다고 생각하는 경향을 부추긴다고 주장했다. 가령 소셜미디어는 지적인 오만함을 키워낼 수 있는 파벌적인 불안과 태도를 이용한다. 그리고 오만함 같은 태도는 우리의 서사와 맹목적인 확신 속에서 다시 단단하게 굳어버린다. 결과적으로 연쇄가 일어난다. 지적 오만함 같은 태도들이 확신에 따라 구현되고, 이 확신은 이런 태도들을 부추긴다.

내가 지난 몇 쪽에서 했던 이야기는 일부 정치 이데올로기들이 이런 연쇄를 이용한다는 것이다. 그것은 믿음을 맹목적인 확신으로 전환하고, 지적 오만함을 반영하는 동시에 조장하는 서사를 빚어냄으로써 연쇄의 속도를 높인다. 우리는 오만함의 이데올로기가 주로 네 가지 방법을 활용한다는 점을 확인했다. 첫 번째, 지위와 정체성의 공유에 대하여 자연스럽고 완벽하게 정상적인 인간의 욕망을 이용한다. 두 번째, 어떤 희생을 치르고서라도 파벌에 대한 충성을 부추긴다. 세 번째, 위계적이고 '그들' 위에 있는 '우리'의 정치를 채택한다. 네 번째, 진실과 그 중요성에 대한 왜곡되고 자기기만적인 관점을 드러낸다.

스트랭과 아렌트는 우리에게 오만함의 이데올로기는 그 어떤 반례도 받아들이지 못함을 가르쳐준다. 당신이 타고난 도덕적 우월함을 믿을 경우, 실수는 방어적인 태도로 부정하거나 어떻게든 둘러대며 넘길 수밖에 없다. 그건 놀랍지 않다. 오만함은 무언가 실패 또는 상실했다는 인식에 대한 보상일 때가 많고, 우리가 살펴보았듯 여기에는 자기 방어적인 태도가 동반되며, 이는 잘못에 대한 인정을 절대 용납하지 않는다. 이민, 의료 서비스, 기후변화를 둘러싼 최근의 전투는 오만함의 본질적인 성격을 잘 보여준다. 많은 사람들은 문화적 또는 인종적 권리의 이데올로기에 대한 위협이 실제로 있거나 있다고 생각하기 때문에 사실보다는 확신을 좋는다. 이것이 미국인이 아니라 다른 사람들이 야기한 문제라고, 올바른 처방은 우리 사이에 순수의 장벽을 세우는 것이라고 기꺼이 주장한다. 이런 사례들은 그 자체로 중요하지만, 지난 10년간 한데 어우러지면서 눈덩이 효과를 일으켰다. 이 때문에 많은 백인 미국인들은 더 개방적이거나 관용적인 태도를 갖지 못하고 자신의 신념 속으로 파고들었다. 그리고 인종 간 관계의 측면에서든, 의료 서비스의 측면에서든, 트랜스젠더의 권리라는 측면에서든 문화적인 개선의 여지를 수용하는 사람들은 '진짜 미국'이라는 개념의 반역자라며 목청을 높이고 있다.

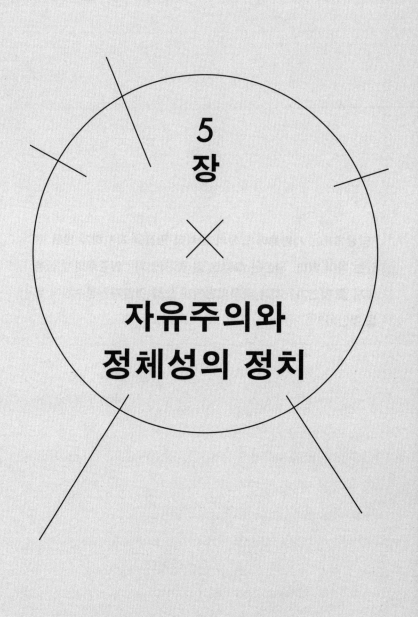

5
장

자유주의와
정체성의 정치

"당신에게는 사람들이 당신의 정치적 관점을 지지하게 만들 수 있는 약이 있다. 당신은 그걸로 뭘 할 것인가? 인종주의자 삼촌에게 줄 것인가? 지역 국회의원에게 보낼 것인가? 상수원에 넣을 것인가?"

오만한
자유주의자

내가 아는 한 진보적인 청년은 자신의 부모가 그나 그의 파
트너와 좀처럼 정치 이야기를 하지 않는 게 불만이었다. 어
머니에게 여러 차례 이유를 물어본 끝에 겨우 답을 들었는
데, 부모가 그들과 정치 이야기를 하고 싶지 않은 이유는 그
들이 참을성 없고 오만하며 자유주의적인 '노잇올'이라고
생각하기 때문이었다고 한다. 정치 이야기를 해서 진이 빠
지는 쪽은 부모들 자신일 거라고 생각했다는 것이다.

그 마음은 충분히 이해할 수 있다. 당신의 자녀 또는 부
모와 정치를 주제로 이야기할 경우 당신이 정치적으로 어
떤 성향이냐와 상관없이 진이 빠질 가능성이 있다. 하지만
이 사례는 오늘날 미국 정치 현실에 대한 간단한 사실을 보
여주기도 한다. 자유주의자들이 상대에게 오만하고 무례한

사람으로 인식되고 있다는 것 말이다. 때로는 그들 스스로도 그렇게 생각한다. 대안적 위키피디아를 자임하는 콘서버피디아Conservapedia에는 심지어 "근거 없는 자만심에 가득차서 건방지게 넘겨짚는 자유주의자들의 성향"으로 정의되는 "자유주의자의 오만함liberal arrogance"이라는 항목이 있을 정도다. 이 주제를 구글에서 검색해보거나 소셜미디어를 어슬렁거려보라. 자유주의자들이 편협하고, 잘난 척하고, 안하무인이라고 비판하는 많은 글을 발견하게 될 것이다. 사실 그 정도면 점잖은 표현이다.

대부분의 내 동료 자유주의자들은 이 이야기를 들으면 그저 어깨를 으쓱하고 넘긴다. 그들은 "마음대로 지껄이라지" 하고 말한다. 어쨌든 성찰과 열린 마음가짐은 자유주의의 핵심 덕목이다. 다른 사람이 자신의 고결함을 알아주지 않는다고 해도, 자신이 소중히 여기는 가치를 다른 사람이 오만한 태도로 몰아세운다고 해도, 그건 다른 사람의 문제이지 자신의 문제가 아니라는 것이다.

그들의 말은 맞다. 그렇긴 하지만 바로 이런 반응이 그런 문제의 일환이 아닌가 싶기도 하다. 어쩌면 우리는 먼저 이렇게 물어야 하는지 모른다. 진보적인 정치철학이 어쩌다 이런 오만함을 연상시키게 되었을까?

뒤에서 확인하겠지만 그에 대한 설명은 생각보다 단순하면서도 복잡하다.

정체성의

정치에 대한 오해

진보주의자가 지닌 오만함의 원흉으로 흔히 정체성의 정치를 지목한다. 그 생각에 따르면 정체성의 정치는 대단히 나쁘다. 무엇보다 "사람들 사이의 분열"[1]을 이용하고 "미국이 이룩한 기적에 독을 뿜어내며"[2] 전 세대가 "공동선에 대해 그리고 공동선을 지키기 위해 무엇을 해야 할지에 대해 생각을 하지 못하게"[3] 만든 책임이 있다고들 이야기한다. 이 해석에 따르면 정체성의 정치는 전통적인 자유주의뿐 아니라 민주주의 자체를 약화시킨다.

뒤에서 보겠지만 이런 식의 밈meme(비옥한 문화적 환경에서 빠른 속도로 자기 복제를 거듭하는 아이디어)에는 무언가가 있다. 진보주의자라면 철학적 그리고 정치적으로 이런 밈에 대응하는 편이 현명할 것이다. 하지만 밈은 의심스럽기도 하다. 밈의 복제를 돕는 사람들은 그다지 의식적인 성찰을 하지 않기 때문이다. 성찰의 필요성은 단순한 한 가지 사실을 통해 드러난다. 정체성의 정치를 비판하는 사람들은 그게 뭔지 이야기하지 않거나 이야기하는 경우에도 그 의미를 또 다른 의미와 혼동할 때가 많다.

이런 맥락에서 우리가 말하는 '정체성'이 무엇인지 잠시 살펴보는 것부터 시작해보자. 3장에서 보았듯 우리는 이

용어를 다른 의미로도 사용할 수 있다. 시간이 지나도 동일한 개별 인간으로 만들어주는 개인적인 정체성을 의미할 수도 있고, 우리가 되고 싶어 하는 유형의 사람을 말하는 자아 정체성을 의미할 수도 있다. 하지만 사람들이 정체성의 정치에 대해 이야기할 때는 주로 **사회적인 정체성**, 즉 가족, 종족, 인종, 젠더, 성적 선호, 사회에서의 역할 등 자신이 속한 사회집단을 염두에 둔다.

오늘날의 대중문화에서는 '정체성의 정치'라는 용어가 최소한 두 가지 개념으로 사용된다. 첫 번째 용법은 계몽주의에서 내려왔지만 현대의 다원적인 민주주의를 위해 채택된 철학 개념에 그 기원이 있다. 이 용법에서 정체성의 정치는 사회에서 종종 무시당하거나 주변화된 집단과 정체성들의 관심사, 필요, 권리에 대한 공식적인 인정을 옹호하는 것이 핵심이다. 다양한 사회적 행동주의와 시민권운동이 행사하는 정체성의 정치가 여기에 해당된다.

두 번째 용법은 여러 측면에서 첫 번째 용법에 기생한다. 하지만 이는 더 오래된 생각을 가리키는 것이기도 하다. 정치는 사실상 다른 수단을 동원한 파벌 싸움이라는 생각이 그것이다. 이 관점에 따르면 정체성의 정치가 당신의 파벌, 즉 당신이 동일시하는 집단을 옹호하는 이유는 그것이 당신의 파벌이기 때문이다. 뒤에서 보겠지만 이는 정치의 목적에 대한 특정한 관점에 입각해 있다.

오늘날 인터넷상에서 불쑥불쑥 튀어나오는 '정체성의 정치는 나쁘다'라는 밈의 문제는 정체성의 정치를 비판하는 사람과 지지하는 사람을 비롯한 많은 이들이 이 두 가지 용법을 무의식적으로 뭉개는 경향이 있다는 데 있다. 양측의 관중은 첫 번째 유형의 정체성의 정치를 옹호하는 사람과 두 번째 유형의 정체성의 정치를 옹호하는 사람을 혼동한다. 이것이 문제인 이유는 그로 인해 사람들이 서로 딴소리를 하기 때문이기도 하지만, 어느 쪽이든 정체성의 정치에 대한 합당한 비판을 모호하게 만들곤 하기 때문이다. 하지만 그 이상으로 그리고 우리가 이 책에서 확인한 다른 언어적 혼동이 그렇듯, 이는 고의적으로 조작되어 우리가 실제보다 더 많이 안다고 생각하게 만들 수도 있다.

'정체성의 정치'의 두 가지 의미가 이렇게 뒤섞이게 된 것은 시인 오드리 로드Audre Lorde와 작가이자 출판인인 바버라 스미스Babara Smith를 비롯한 일군의 흑인 여성주의 학자 집단인 콤바히리버컬렉티브Combahee River Collective가 1977년 작성한 정치 선언문에 실린, 이 용어 최초의 현대적인 용법 중 하나에 대한 상반되는 해석에서 비롯된 듯하다. 이 선언문 가운데 아마 가장 널리 인용되는 문단에서 이들은 민권운동, 흑인권력운동, 여성주의운동이 그들을 적절하게 대변하지 못했다고 주장했다.

"우리는 우리에게 충분히 관심을 기울이며 우리의 해방을 위해 일관성 있게 노력한 사람들은 우리뿐임을 깨닫는다. … 우리 자신의 억압에 초점을 맞추려는 이러한 노력은 정체성의 정치 개념으로 구현된다. 우리는 가장 심오하고 아마도 가장 급진적인 정치는 다른 누군가의 억압을 끝장내기 위해 노력하는 데서 나오는 게 아니라 우리 자신의 정체성에서 바로 나온다고 믿는다."[4]

정치학자 마크 릴라Mark Lilla는 최근 좌파의 입장에서 정체성의 정치를 신랄하게 비판하면서, '자신의 정체성'에 대한 관심을 담고 있는 이 선언문이 정체성 정치의 이기적인 본성을 시사한다고 주장했다. 그 이기적인 본성에 따르면 가장 중요한 정치는 자아에게 유의미한 정치이고 "자아에게 가장 유의미한 운동은 당연히 자아에 대한 것이다."[5] 그러므로 릴라에 따르면 콤바히리버컬렉티브는 부분적으로는 (오랫동안 도외시되었던 역사의 측면들에 주목하게 한다는 점에서) '아주 좋은 것'인 어떤 정치를 옹호하고 있지만, 마르크스주의 같은 앞선 좌파 운동들이 당연시했던 일반이익 개념을 잠식하고 평가절하하는 파괴적인 개인주의 역시 조장했다.

콤바히리버컬렉티브의 선언문에 대한 릴라의 독해는 내가 앞서 지적한 '정체성의 정치'의 두 번째 용법을 보여준다. 릴라에게 있어서 정체성의 정치는 자아를 지나치게 부각시킨다. 내가 우리의 자아 정체성이라고 말한 것, 특히 우리가 동일시하는 집단에 연결된 측면들을 부각시키기 때문이다. 하지만 나아가 릴라는 정체성의 정치가 정치의 목적에 대한 특정 관점을 포함하고 있다고 생각한다. 그것은 바로 자신의 집단, 민족 정체성, 파벌을 위한 권력을 오로지 집단과 민족 정체성과 파벌만을 위해 옹호하는 것이다. 많은 우파 비판가들도 정체성의 정치에 대해 이와 동일한 관념을 공유한다. 일례를 들면 조나 골드버그는 2018년 출간된《서구의 자살Suicide of the West》에서 정체성의 정치는 오로지 권력에만 관심을 가지며, "자유주의적인 이상을 왕좌에 앉히기 위해" 정체성의 정치를 사용하는 것은 "교수, 학생, 운동가 집단, 민주당원 등을 위한 권력욕과 불가분의 관계"라고 주장한다.[6]

정치가 오로지 권력과 파벌 싸움의 문제일 뿐이라는 생각은 서글플 정도로 흔하다. 그리고 이는 정치는 본질적으로 다른 수단을 이용한 전쟁이라는 마키아벨리의 관점을 공유하는, 어두운 시각이기도 하다. 20세기에 이 사고를 철학적 관점에서 지지한 가장 영향력 있는 인물은 악명 높은 나치 정치 이론가 카를 슈미트Carl Schmitt였다. 1933년에 나치당에 가입한 슈미트는 유대인이 저술한 책을 태우는 데 적극적으로 나섰고 반유대주의 정책을 공개적으로 옹호했으며, 종전 이후에도 전혀 뉘우치지 않았다. 하지만 그는 영향력 있는 정치 사상가이기도 했고, 중요한 (그리고 논쟁적인) 연구를 남겼다.

슈미트의 가장 유명한 기여는 정치의 목적에 관한 것이었다. 그는 "정치적인 것은 가장 강력하고 극단적인 적대이며, 모든 구체적인 적대는 극단에 가까울수록 더욱 더 정치적이 된다. 다시 말해 정치적인 것은 친구와 적을 구분하는 것이다"라고 주장했다.[7] 슈미트에게 적이라는 개념은 정치의 핵심이다. 여기서 적은 반대편에 있는 '다른 사람들'의 집단을 말한다. 릴라와 골드버그가 모두 동의하는 바는, 정치가 무엇인가에 대한 이런 사고가 정체성의 정치 기저에 자리한다는 점이다. 두 사람 모두 슈미트의 어두운 관점을 거부하고자 하며 따라서 정체성의 정치를 거부한다.

마크 릴라와 조나 골드버그가 정치의 파벌주의적 관점을 거부한 것은 정당하다. 그리고 좌파와 우파 중 일부가 여전히 이런 종류의 관점을 수용하고 있는 것은 사실이며, 파벌 정치의 미덕을 주장해온 철학자들도 언제나 존재했다. 하지만 나는 스스로 정체성의 정치를 실천하고 있다고 여기는 많은 사람들이 파벌 역시 받아들인다고 생각하지는 않으며, 그 이유는 이미 언급한 것처럼 간단하다. '정체성의 정치'에는 다른 의미가 있으며, 그 다른 의미에서 정체성의 정치는 파벌주의를 승인하지 않기 때문이다. 사실 콤바히리버컬렉티브가 자신들이 만든 정체성의 정치라는 용어를 파벌주의적으로 사용하고 있다고 생각하는 것은 이들의 선언문에 대한 분명한 오독이다. 선언문 뒷부분에서 이들은 "만일 흑인 여성이 자유로워지면 만인이 자유롭다는 뜻일 것이다. 우리가 자유로워지려면 모든 억압의 시스템이 필수적으로 파괴되어야 하기 때문"이라고 주장한다.[8] 다시 말해서 그들이 자신의 정체성에 초점을 맞추는 것은 실용적인 이유에서였다. 흑인이면서 동시에 여성인 사람은 벤다이어그램의 중앙, 즉 '여성'과 '흑인'과 '경제적 약자'를 나타내는 원이 모두 만나는 곳에 놓인다. 흑인 여성을 옹호하는 것은 이 모든 원 안에 있는 사람들의 자유를 위한 투쟁에 동참한다는 의미와 같다. '교차성intersectionality' 개념은 여기서 나온다.

정체성의 정치에 대한 이 관점은 두 가지 전제에서 출발한다. 첫 번째, 개인에게는 사회적 정체성이 있고, 민주주의의 의무는 이 사회적 정체성을 다른 민주적 가치의 제약 안에서 최대한 동등하게 다루는 것이다. 두 번째, 오늘날의 민주주의에서 일부 사회적 정체성은 보통 다른 사회적 정체성보다 더 불리한 상태이고, 그런 상태에 놓이게 되는 이유는 흑인, 여성, 게이, 트랜스와 같은 특정 정체성이 하나의 정체성으로 인정조차 받지 못한다는 데 있다. 이 때문에 많은 사회운동이 공식적인 인정을 요구하는 데서 출발한다. 예를 들어 트랜스 운동가들은 트랜스로 살아가는 것은 인간의 정상적인 존재 방식이며 트랜스(또는 게이 남성이나 레즈비언)는 '아픈' 사람들이 아니라고 주장한다.

이렇게 생각하면 정체성의 정치는 그저 인정의 정치일 뿐이다. 하지만 인정의 정치는 파벌주의 정치와는 달리 정치가 무엇을 위한 것인가에 대한 특정 관점을 함축하지 않는다. 어떤 사회집단이 정치에 참여하여 인정을 얻기 위해 힘쓰는 데는 온갖 이유가 있을 수 있다. 집단의 입지를 강화하기 위해, 집단이 억압받지 않게 하기 위해, 공동선을 위해 등등. 가령 우리의 사회적 정체성 하나하나가 법의 인정을 받으면 모두가 더 잘 살게 된다고 주장할 수도 있다. 하지만 정치에 대한 관점이 어떻든지 간에, 민주주의 이론에서 인정의 중요성을 정당화하는 작업은 동등한 존중equal respect이라는 개념에 연결된다. 이는 첫 번째 전제이기도 하다. 하지만 왜 이 전제를 믿어야 할까?

동등한 존중 개념은 칸트 이래로 민주주의 이론의 핵심 요소였다. 그 익숙한 개념에 따르면 각각의 사람은 법 아래 동등한 대우를 받아야 한다. 핵심은 악명 높을 정도로 어려운 개념인 '동등함equality'이라는 측면에서만이 아니라, 한 사람과 정체성이라는 개념의 측면에서 동등한 존중이 무엇을 의미하는가이다.

3장에서 나는 우리의 전반적인 정체성, 다른 말로 개인이라는 것이 무엇을 뜻하는가와 관련하여 우리 각자에게는

'자아 정체성'이 있고, 이 자아 정체성이란 우리가 지향하는 사회적 정체성이나 우리가 동일시하는 집단을 비롯해서 우리가 되고자 하는 유형의 사람을 의미한다고 주장했다. 만일 그렇다면 우리의 정체성을 원자론적으로 사고하는 것은 잘못이다. 각각의 사람은 하나의 선 위에서 다른 모두와 분리된 채 기하학적인 점으로 존재하지 않는다. 그보다 우리의 자아 정체성은 우리가 주변 문화에서 물려받은 사회적 정체성과의 관계 속에서 그리고 어쩌면 사회적 정체성을 거스르는 가운데 구축된다. 중요한 점은 우리의 정체성이 우리에 의해, 동시에 다른 사람들에 의해 부분적으로는 인정의 과정을 통해 작성되는 서사라는 점이다. 내가 당신을 당신이 속한 부류의 사람으로 인정하는 것(또는 인정하지 않는 것)은 당신이 좋든 싫든 특정 부류의 사람으로 형태를 갖추는 데 도움이 된다. 사회적 인정은 개별 정체성이 형성되는 초반에 필요한 과정이기도 하다. 그러므로 만일 민주주의가 개인을 동등하게 존중하고자 한다면 개인이 특정 부류로 나뉜다는 점을 인정하지 않을 수 없다. 자아 정체성이 형성되려면 이런 식의 범주화가 필요하다.

물론 반민주적인 사회는 인정에는 관심이 있어도(가령 귀족이나 귀부인으로 인정받는 것) 동등한 존중에는 관심을 두지 않는다. 사회적 위계가 붕괴하고 이와 함께 인권의 중요성이 커지며 기본적인 존중 개념이 등장한 뒤에야 인정과 정체성 개념이 두드러지게 되었다. 그러고 나자 우리의 자아 정체성이 부분적으로는 사회적 인정을 통해 형성된다는 사실 역시 정치적으로 부각되었다. 그 결과 존중과 품위에 대한 요구와 함께 자아 정체성이 사회적으로 형성된다는 사실은 정체성이 다른 개인뿐 아니라 법에 의해서도 인정받아야 한다는 요구에 합당한 이유를 제공하였다.[9]

이 주장이 받아들여진다 해도, 이론 수준과는 반대로 현실 정치에서는 복잡한 문제들이 있다. 어떤 정체성을 인정해야 하는가, 무엇을 법적이고 정치적인 인정으로 볼 것인가와 같은 문제들은 실제 세계에서 젠더, 인종, 종교에 대한 정치적 논의를 계속 불러일으킨다. 하지만 여기서 내가 관심을 갖는 문제는 이런 것들이 아니다. 내가 지적하고자 하는 지점은 더 간단하다. 인정의 정치는 파벌주의의 정치와 같지 않다는 것이다. 인정의 정치는 기본적인 민주적 이상과 깊이 연결되어 있지만 파벌주의의 정치는 그렇다고 보기 힘들다.

그러므로 정체성의 정치를 비판하는 사람들이 인정 버전의 정체성의 정치를 실천하는 사람들과 파벌 버전을 실천하는 사람들을 종종 혼동한다는 점은 흥미롭다. 좋은 예가 '흑인의 목숨은 소중하다#Black Lives Matter'(콤바히리버컬렉티브처럼 흑인 여성들이 만든 또 다른 운동)에 대한 반응이다. '흑인의 목숨은 소중하다' 운동을 둘러싼 소동은 슬로

건과 해시태그에서 출발했다. 좌파와 우파 양측의 많은 백인들은 이를 '오직 흑인의 목숨만이 소중하다'라는 의미로 생각한 듯했다. 하지만 그 운동을 만든 사람들이 처음부터 지적했듯 그건 '흑인의 목숨 역시 소중하다'라는 의미였다. 그 운동의 핵심은 한 인종을 다른 인종 앞에 내세우는 것이 아니라, 흑인 시민들이 부당한 경찰 폭력의 피해자임을 백인들이 인정하도록 만드는 것이었다. 집요한 오해가 너무 널리 퍼져 있어서 때로는 그게 고의적이라고 생각하지 않을 수 없을 정도였다.

정체성의 정치를 이해하는 두 가지 방식의 차이가 내가 기본적으로 말했던 것처럼 아주 분명하다면 왜 이런 혼란이 있는 걸까? 어째서 그렇게 많은 사람들이 인정의 정치를 파벌주의의 정치라고 생각하는 걸까?[10]

한 가지 설명은 인정의 정치가 종종 해로운, 즉 파벌적인 형태의 '공동체주의'로 귀결된다는 것이다. 아마 이를 가장 잘 설명한 사람은 영향력 있는 페미니스트이자 마르크스주의 이론가인 낸시 프레이저Nancy Fraser일 것이다. 프레이저에 따르면 사회적 정체성 인정에 정치적 노력을 집중할 경우 그 운동은 해당 공동체의 고유성을 부각하고 공동체의 규범을 강요하는 데 그칠 수 있다. 여기서 공동체의 규범은 전통적인 공동체의 경우 평등주의적이거나 진보적이지 않을 수 있다.[11] 요컨대 프레이저는 인정에 대한 과도한 강조가 정의와 관련된 사안들을 덜 강조하는 결과로 이어질 수 있음을 우려한다. 물론 그럴 수 있다. 하지만 프레이저 비판가들이 지적하듯 많은 경우 일부 사회집단은 더 정의로운 정책을 위해 로비를 할 수 있으려면 그 전에 먼저 인정을 받을 필요가 있다고 주장할 수 있다.[12] 인정을 받아야 다른 일도 할 수 있는 것이다.

인정의 정치에 대한 또 다른 우려는 그것이 앎에 대한 파벌적인 관점으로 귀결될 수 있다는 점이다. 이는 부분적으로 인정의 정치가 '입장 인식론standpoint epistemology'('정체성의 정치'처럼 오해받는 경우가 많은 사회적 앎에 대한 관점)과 연관 지어 이야기되기 때문이다. 1980~1990년대에 초기 페미니스트 철학자들이 개발한 입장 인식론은, 당신이 사회에서 점하고 있는 위치가 다른 사람에게는 부족한 통찰을 당신에게 선사할 수 있다는 직관적인 생각에 기초한다.[13]

이렇게 보면 이는 경험이 중요하다는, 아주 오래된 철학적 사고의 연장이라 할 수 있다. 17세기 경험주의자 존 로크의 표현처럼 파인애플(당시 잉글랜드에서는 이국적인 과일)을 처음으로 맛본 사람은 그 즐거움을 누려보지 못한 사람들은 모르는 어떤 것, 즉 파인애플이 무슨 맛인지를 알고 있다. 이와 마찬가지로 임신은 여성이 자신의 몸에 대한, 의료 서비스에 대한, 사회적 관계와 개인적 관계에 대한 어떤 진실에 접근할 수 있게 해주는 경험이다. 임신이나 출산 같은 경험은 '변화를 가져온다.' 그것은 당신의 관심사뿐 아니라 당신이 가지고 있는 앎의 종류를 바꿔놓는다.[14]

입장 인식론은 사회 영역에 이 개념을 적용했다. 일반적인 문화에서 여성이 다루어지는 특정한 방식, 남성에게 학대받거나 특권을 부정당하는 방식이 있기에 여성은 남성이 갖지 못한 문화에 대한 통찰을 갖는다. 이는 훨씬 더 일반화될 수 있다. 어떤 이유로든 억압을 경험한 사람은 그런 식의 억압을 한번도 당해보지 못한 사람은 가지지 못한 경험을 갖는다. 그 경험은 억압을 당한 사람에게 다른 사람들은 그 경험을 제대로 인식하기 힘들 수 있다는 앎을 준다. 사실 이는 콤바히리버컬렉티브의 선언문에 담겨 있는 핵심 내용의 일부이다.

성희롱에 대한 감수성의 증가는 입장 인식론이 인정의 정치와 상호작용하는 방식을 잘 보여주는 사례다. 운동가와 일반 시민은 구두 증언과 비디오 증언 자료를 이용해서 이 사회에서 여성으로 산다는 것이 어떤 것인가에 대해 말하며 이제까지 종종 무시되거나 가볍게 여겨졌던 사실을 대중에게 인정받기 위해 노력해왔다. 미투운동#MeToo movement은 우리 사회에 금전적 또는 정치적 권력을 가진 남성이 여성을 대상으로 자행하는 성폭력과 성희롱이 심각하게 만연해 있고 용인된다는 사실을 사람들, 아니 남성들이 공식적으로 인정하게 만들었다. 이 과정에서 운동가들은 과거에는 오직 특정 관점에서만 제대로 인정받았던 진실을 만천하에 드러냈다. 감춰져 있던 앎을 인정받게 만든 것이다.

이 가운데 어떤 것도 파벌적인 정치를 필요로 하거나 조장하지 않는다는 사실에 주목할 필요가 있다. 오히려 그 반대다. 인정의 정치는 어떤 정체성의 공식적인 인정을 공적이고 공유된 앎에 다가서는 하나의 단계로 여긴다. 물론 그 공유된 앎에는 한계가 있을 수 있다. 나는 인종주의와 성차별주의를 경험하는 것이 어떤 것인지 알지 못해도 그것이 존재한다는 사실을 알 수 있다. 하지만 그것이 나쁘다는 사실을 알기 위해 그리고 그 앎에 따라 투표하기 위해 억압(혹은 굶주림이나 강간)을 몸소 체험할 필요는 없다.

여기서 한발 더 들어가서 앎을 그리고 어쩌면 진실 그 자체를 어떤 입장에 관련된 것으로 바라볼 때 바로 파벌주의를 향한 움직임이 생긴다. 많은 입장 인식론자들은 이를 꺼렸지만 또 다른 많은 이들은 그들의 이름으로 이를 부추겼다. 특히 정체성의 정치와 입장 이론이 종종 포스트모더니즘과 동일시되던 1980~1990년대에 이런 일이 벌어졌다. 여러 형태를 취하는 포스트모더니즘의 핵심적인 통찰은 서구 문화가 종종 자연스럽게 주어진 것으로 취급하는 범주, 즉 인종, 젠더, 심지어는 정체성 그 자체가 정도는 다르지만 사실상 사회적 구성물이라고 본다.

　사회적 구성물은 의자나 망치 같은 일반적인 인공물과는 다르다. 망치는 기능으로 규정되지만 사회적 구성물은 사회적 실천에 따라 규정된다. 이런 실천 중에는 아무런 규율 없이 이루어지는 것도 있다. 가령 쿨함은 사회적 기대의 산물이지 법이나 관습으로 성문화된 기대의 산물이 아니다. 쿨한 사람들의 규칙은 세대에 따라, 그리고 위 세대는 거의 예측하거나 이해할 수도 없는 방식으로 급속하게 바뀐다. 하지만 결혼 같은 다른 사회적 구성물들은 법적 규율 같은 어떤 규율화된 조건을 충족시키는 문제이다. 부, 종교, 법, 정부 등 우리가 세상에서 당연시하는 많은 것들에 대해서도 똑같이 말할 수 있다. 당신은 인간 행위와 사고를 구조화하는 어떤 형식에 호소하지 않고는 그런 것들을 규정하지 못한다.[15]

　삶의 많은 부분이 사회적 구성물에 따라 결정된다는 생각은 강력한 철학적 통찰이다. 하지만 이보다 훨씬 중요한 것은 우리가 인종이나 결혼 같은 범주를 사회적으로 구성된 어떤 것과 대비되는 자연발생적인 유형으로 호명하는 혼동에 빠지곤 한다는 통찰이다. 하지만 두 가지 생각 모두 진실 그 자체가 구성된다는 생각과는 여전히 다르다. 이 관점에 따르면 우리가 말하거나 믿는 것의 진실은 그것이 '실제로 어떠한지'가 아니라 우리의 사회적 실천에 따라 결정된다. 철학자 리처드 로티Richard Rorty가 아이러니하게 주장했듯 "진실은 당신의 동료들이 당신이 말하게 내버려두는 것이다."[16]

진실에 대한 이런 식의 상대주의는 때로 정체성의 정치와 진보주의 일반과 결부된다. 좌파든 우파든 그 관계를 확신하는 사람들은 종종 이런 식의 추론을 하는 듯하다. (1) 우리의 입장은 사회적 구성물이다. (2) 우리의 입장은 우리가 무엇을 진실이라고 생각할지 결정한다. (3) 그러므로 진실은 입장에 따라 상대적이다.

이는 유혹적인 주장일 수 있다. 이 주장의 힘은 부분적으로 그 전제가 그럴싸하다는 데 있다. 나의 사회적 입장은 대체로 문화의 결과이다. 그리고 내 입장은 일반적으로 사회적 정체성과 그것을 이루는 입장들이 모인 결과이다. 하지만 이 주장의 유혹적인 힘은 결론에 내포된 평등주의적인 호소에 훨씬 더 많이 내재되어 있다. 무엇이 진실인지를 결정하는 것은 나의 사회적 입장이라는 생각은 모든 입장이 앎의 관점에서 보면 다 똑같이 훌륭하다고 암시하는 위대한 평준화 장치처럼 보일 수 있기 때문이다. 그 누구의 입장도 신과 같을 수 없고, 따라서 그 누구도 자신이 전지전능하다고 주장할 수 없다. 어쩌면 무엇보다 바로 이런 이유로 평등을 최고의 가치로 여기는 많은 진보주의자들이 유혹을 느끼는지 모른다. 모든 진실을 동등하게 만들고 있다고 생각하기 때문이다.

하지만 이런 전제에서 진실 상대주의를 추론하는 것은 잘못이다. 내가 무엇을 진실이라고 생각할지가 나의 입장에 좌우된다고 해서 진실 그 자체가 나의 입장에 따라 상대성을 띠게 되는 것은 아니다. 이는 마치 내가 능선 꼭대기에서만 다음 계곡을 볼 수 있기 때문에 내가 그곳에 서 있을 때만 다음 계곡이 존재한다고 생각하는 것과 비슷하다. 게다가 진실이 이런 식으로 상대적이라는 생각은 대단히 설득력이 부족하다. 그것은 당신이 총알에도 끄떡없다고 생각하면 (그리고 다른 모든 사람들 역시 그걸 믿게 만들면) 당신이 정말로 총알에 끄떡없는 상태가 될 수 있음을 뜻하기도 한다. 모든 사고가 어떤 입장에서 비롯된다고 해서 사고가 그렇게 만든다는 의미는 아니다. 특히 인종과 젠더는 사회적 구성물이지만, 그렇다고 해서 그 사실 자체(인종과 젠더는 사회적 구성물이라는 사실)가 사회적 구성물이라는 의미는 아니다.

진실 상대주의는 일종의 파벌적인 정치로 귀결될 수 있고 우리가 4장에서 확인했듯 이는 오만함의 이데올로기를 뒷받침할 수 있다. 의외라고 느껴질 수 있다. 앞서 지적했듯 많은 자유주의자와 진보주의자는 궁극의 평등, 즉 믿음의 평등을 전제하는 것으로 보인다는 이유로 진실과 앎에 대한 여러 형태의 상대주의를 포용했다. 이는 관용으로 이어지리라 보았다. (빌 베넷Bill Bennett과 앨런 블룸Allan Bloom 같은 보수적인 사상가들은 1980~1990년대에 모든 믿음이 진실일 수 있다는 생각은 지구적 재앙이라고 주장하며 이런 생각을 지지하는 자유주의자들을 규탄했고, 평등과 관용 간의 관계를 더 단단하게 다졌다.)

실제로 얼마나 많은 사람들이 상대주의를 포용하고 있는지를 판단하기는 힘들다. 문제는 어느 정도 언어와 관련이 있다. 나는 '진실은 상대적이다' 또는 '그것은 나에게 진실이다'가 사람에 따라 온갖 다양한 의미일 수 있음을 수년 동안 확인했다. '나에게는 내 의견이 있다, 당신은 당신의 의견이 있다, 그러니 맥주나 마시자'에서부터 무엇이 실제 진실인지 알기가 어렵다는 일반적인 회의론에 이르기까지 말이다. 하지만 철학적인 관점에서 진지하게 생각했을 때, 상대주의는 생각보다 더 많은 파벌주의와 더 적은 관용을 불어넣는다.

그 이유는 이렇다. 상대주의에 따르면 P라고 하는 진술이 있을 때 내가 그 시점에 P를 승인할 경우 그리고 오직 승인하는 경우에만 P는 진실이다. 내 관점이 무엇을 승인하든 그것은 거짓일 수 없다. 이런 진술들은 그 정의상 진실이기 때문이다. 그리고 당신의 관점과의 관계에서도 이는 마찬가지다. 당신의 관점이 어떤 명제를 승인하고 나의 관점은 승인하지 않을 경우, 우리 두 사람 모두 진실인 것을 믿고 있고, 우리 중에 아무도 틀린 사람은 없다.

그렇다면 우리는 어떻게 의견 차를 해결할 수 있을까? 일반적인 사실에 호소해서는 불가능하다. 진실은 관점에 따라 상대적이기 때문이다. 그래서 나의 입장이 당신의 입장과 다르다면, 나의 진실 역시 그렇다. 이렇게 우리의 의견 차에 대한 사실을 근거로는 합리적인 해법을 찾을 길이 요원한 듯 보인다. 그리고 그 도달 불가능성은 우리의 분쟁을 해결할 유일한 방법은 내가 당신으로 하여금 나의 관점을 공유하게 만들거나, 그것이 일부 소수의 관점임을 인정하는 수밖에 없다는 암울한 생각에 이르게 한다. 그러면 나의 진실은 존재하는 유일한 진실이 되거나 아니면 나는 권력 앞에서 진실을 말할 수 없게 된다.

이런 형태의 파벌주의는 제 얼굴에 침을 뱉는 것이나 마찬가지다. 동일한 논리를 적용하면 내가 지금 나 자신의 관점을 비판하는 것도 불가능하기 때문이다. 이 견해에 따르면 어떤 시점에 진실이었던 것은 그 시점에 그 관점에 의해 승인받은 것이다. 그러므로 내 관점이 어떤 순간에 무엇을 승인하든 그것은 그 순간에는 결코 틀릴 수 없다. 그리고 이는 우리가 나의 관점이 진보하고 있다고 절대 표현할 수 없음을 의미한다. 진보는 순간순간 나아짐을 의미하기 때문이다. 하지만 만일 무엇이 진실인지가 어떤 특정 순간의 관점에 따라 상대적이라면 나의 관점은 절대 순간순간 나아지지 않는다. 그저 바뀔 뿐이다. 이곳이 진실 상대주의가 도달하게 되는 암울한 장소이다. 이곳은 도덕적, 사회적 진보의 가능성을 부정한다.

많은 좌파들은 당연히 아주 오랫동안 이런 종류의 생각에 빠져들었다. 하지만 인정의 정치나 입장 인식론 또는 사회적 구성론 가운데 그 어떤 것도 진실 상대주의를 필요로 하지 않는다. 입장 인식론의 중심인물이라 할 수 있는 철학자 샌드라 하딩Sandra Harding 자신부터가 1993년에 이렇게 강력히 주장했다.

> 여성이 수학 수업을 들으면 그들의 자궁이 몸 안에서 방황한다. 수렵인 남성만이 이 사회에 중요한 기여를 했다. … 강간과 구타의 피해자는 자신에게 일어난 일에 책임이 있다 등. 이와 같은 주장은 이러한 주장을 거부하는 입장과 동일한 진실이라고 볼 수 없다. … 입장 이론은 [진실에 대한 상대주의를] 지지하지도 않고, 앞으로도 지지하지 않을 것이다.[17]

그러므로 정체성의 정치를 상대주의 그리고 입장 이론 같은 관련된 인식론과 동일시하는 것은 단순한 실수다. 하지만 좌파는 이 실수 때문에 상당한 대가를 치렀다. 그 대가 중 하나는 그것이 고취한 믿음의 오만함이었다. 이는 일부 진보주의자들이 자신의 진실은 자신의 진실이므로 자신과 자신이 대변한다고 믿는 사회집단은 보수주의자들로부터 또는 다른 누군가로부터 배울 것이 전혀 없다고 믿도록 만든 오만함이었다. 이 오만함의 이데올로기로 인해 진보주의자는 트럼프 지지자와의 대화를 취소하기도 하고 일부 대학생들은 캠퍼스에서 보수적인 지식인들과 논쟁하는 것을 탐탁지 않게 여긴다.

정체성의 정치를 상대주의와 연결함으로써 치르게 된 또 다른 비용은 그것이 우파 모방자들에게 영감을 제공했다는 점이다. 아마 가장 좋은 예는 트럼프 행정부가 걸핏하면 '대안적인 사실' 운운하기를 좋아하는 것이리라. 오늘날 대안 우파가 무서울 정도로 기승을 부리는 것은 그들이 파벌적인 정치에 새롭게 전념하고 있기 때문이라는 사실을 부정할 수 없다. 사실 미국에서 **파벌 정치의 원형**은 언제나 **백인 지상주의 정치**였다. 이 백인 지상주의 정치는 최대한 노골적인 방식으로 파벌을 서로 반목시키며, 자신의 어두운 관점 이외의 것들은 절대 진실로 인정하지 않는다.

좌파의 지적 오만함 때문에 정체성의 정치를 비난하는 것은 사태를 혼동하는 것이다. 그보다 더 문제인 것은 정체성의 정치에 반드시 필요한 요소는 아니지만 종종 결부되고는 하는 진실과 앎에 대한 상대주의이다.

자유주의자는

보수주의자보다 똑똑한가?


콘서버피디아에서 거론한 자유주의자의 오만함의 주요 사례 중 하나는 "사실상 자유주의 성향의 미디어 전체가 힐러리 클린턴의 당선이 '불가피'하고 '예견된 결론'이라고 오만하게 주장한" 2016년 미국 대통령 선거다.[18]

이 주장은 충분히 정당하긴 하지만 자유주의 성향의 미디어만 이런 실수를 한 것은 아니었다. 자유주의자 역시 같은 실수를 했다. 특히 2016년 봄에 진보주의자들의 저녁 만찬 파티에서는 미국이 도널드 트럼프를 선출할 정도로 '멍청하지/인종주의적이지/성차별적이지' 않다는 일반적인 통념이 지배적이었다. 미국인들이 트럼프를 진지하게 여길 리 없었다. 그는 명백한 장사치였고 사기꾼에 거짓말쟁이였으며, 진지한 정적이라기보다는 조롱거리에 더 가까웠다. 많은 이들이 두려워할 사람은 테드 크루즈Ted Cruz라고, 아니면 차라리 마코 루비오Marco Rubio라고 생각했다. 하지만 트럼프는 아니었다. 게다가 나의 많은 친구들은 인구 분포는 말할 것도 없고 역사의 흐름상 민주당에 유리한 분위기가 조성될 것이라고 생각했다. 여성 대통령이 나올 때가 되었다고도 했다. 민주당에는 여성 후보가 있지만 공화당은 이제껏 공직에 출마한 후보 중에서 가장 대놓고 여성

혐오적인 사람을 지원하고 있었던 것이다.

　많은 자유주의자들이 너무 뒤늦게 이 서사를 의심하기 시작했다. 문제가 있음을 알리는 하나의 신호는 선거 전주에 통계학자 네이트 실버Nate Silver가 내놓은 대통령 선거 예측치를 둘러싼 작은 소동이었다. 당시 허핑턴포스트와 다른 미디어들은 클린턴이 승리할 확률이 90퍼센트를 충분히 웃돌 거라고 예상하고 있었다. 하지만 선거 직전 실버는 이 예측치를 65퍼센트로 낮춰 많은 좌파에게 경종을 울렸다. 어쨌든 실버는 2012년 선거에서 공화당 여론조사원들이 우파의 자신만만한 승리를 예측하고 있을 때 버락 오바마가 승리할 것이라고 했던 사람이었다. 허핑턴포스트는 실버가 "자신의 엄지손가락을 저울 위에 올려놓았다"[편파적이고 부당한 방법을 사용해 특정 상황을 만드는 행위를 가리킬 때 쓰는 관용구]라고 호통을 치며 그의 분석을 폄하했다.[19] 실버도 목청 높여 자신의 방법론을 방어했다. 많은 여론조사가 틀릴 수도 있는 몇 가지 가정을 배후에 상정하고 있을 가능성이 있기에 이를 조정하려 한 것뿐이라고 말이다. 소셜미디어상에서 논쟁은 상당히 고약하게 전개되었다. 나는 만일 자유주의자들이 정말로 그렇게 자신만만하다면(어쨌든 실버는 트럼프의 당선 확률이 35퍼센트밖에 되지 않는다고 예상하고 있었다!) 어째서 트럼프가 질 거라는 생각뿐만 아니라 트럼프가 틀림없이 질 거라는 데 모두 동의해야 한다는 생각에 이렇게까지 꽂혀 있는 것일까 궁금했다.

지금 와서 생각해보면 이것은 선거가 진행되는 동안 좌파 내에서 지적 오만함이 작동했다는 신호였다. 무엇을 믿을지 판단할 때 좌파들에겐 진실 그 자체보다 자기 파벌의 집단적 자부심을 지키려는 자기방어적 이해가 더 중요했던 것이다. 우리는 나쁜 신념 안에서 살고 있었다.

선거 이후 이 깨달음은 집단적인 자기 의심, 분노, 충격, 불신의 폭발을 야기했는데, 이 모든 감정은 정당이 선거에서 패배했을 때 일반적으로 나타나는 것들이다. 내가 근무하는 뉴잉글랜드의 대학에서는 일부 교수들이 수업을 취소했고, 일부 학생들은 침대 밖으로 나오지 않았으며, 상담을 받고 싶다는 문의가 갑자기 폭증했다. 〈폭스뉴스〉는 신바람이 났다. 자유주의자들과 자기가 특별하다고 생각하는 사람들 때문에 대학이 난장판이 되었다는 〈폭스뉴스〉 시청자층의 관점이 트럼프의 승리로 정당화되는 듯했다. 그리고 이는 트럼프에게 표를 던진 많은 사람들에게 가장 중요했던 것은 정책이 아니라 오만한 자유주의자들(과 흑인 대통령의 당)이 마땅한 벌을 받는 모습을 지켜보는 것이었다는 생각과 일맥상통했다.

보수주의자들의 태도에서도 오만함을 발견할 수 있다. 하지만 나는 보수주의자들이 자유주의자들이 지닌 무언가에 반응했다고 생각한다. 그 무언가는 많은 자유주의자가 세상을 보는 방식과 그 안에 깃든 오만함의 이데올로기를 아우르는 것이었다. 그 무언가란 '자유주의자가 가장 잘 안다'라는 태도라고 할 수 있을 것이다. 우리는 사실을 완벽하게 통제하지만 그들은 그렇지 않다. 우리는 합리적이고 과학적이지만 그들은 그렇지 않다. 우리는 공감 능력이 있지만 그들은 그렇지 않다. 우리는 인종주의자나 성차별주의자가 아니지만 그들은 그렇다.

이런 가정하에 많은 좌파는 마치 모든 보수주의자가 잘못된 가치를 좇을 뿐만 아니라 (사실을 모른다는 점에서) 멍청하거나 (꼬임에 빠져 사실을 간과했다는 점에서) 속임수에 넘어간 게 틀림없다는 듯이 행동했다. 다시 말해서 자유주의적인 민주당원은 자신이 실제 사실의 평범한 앎에 단단하게 묶여 있으며, 따라서 '알고 있는' 당사자라고 생각하는 경향이 있다. "가령 건국의 아버지들은 모두 세속적인 이신론자였음을 알고 있다. 당신이 불청객에게 총을 맞을 가능성보다 총으로 자살할 가능성이 30배 더 높다는 사실을 알고 있다. 캔자스주의 바보들이 자기 이해관계와는 상반되는 방식으로 투표를 하고 있고 문제는 그들이 천지 분간을 제대로 못하는 것임을 알고 있다. 이 앎을 암시하는 모든 농담을 알고 있다."[20]

이런 사례에 이의를 제기하는 것도 가능하다. 그리고 자유주의자가 보수주의자에 비해 집단 사고를 하는 경향이 더 강하다고 보는 건 잘못일 수도 있다. 어느 쪽이든 그런 부류는 차고 넘친다. 중요한 것은 **집단 중심 사고에 반대하는 것이 남의 이목을 의식하는 일**이 될 때 널리 퍼져 있는 무조건적인 가정들이 훨씬 더 문제를 유발한다는 점이다. '비판적인 사고'의 주인이라는 점이 자유주의자의 자아 개념의 일부라는 생각을 반박하는 것은 쉽지 않다. 자유주의자는 지식과 이성의 정치를 대변하는 반면, 보수주의자는 감정과 맹목적인 신념의 정치를 대변한다.

이런 (잘못된) 동일시의 뿌리에는 서로 뚜렷하게 다르지만 종종 혼동되기도 하는 두 가지 논쟁이 있다. 둘 중 더 오래된 논쟁은 철학적인 성격을 띤다. 이는 전통적인 자유주의 정치철학이 말하는 정치적 정당성 안에서의 이성의 역할과 관련이 있다. 이 관점은 오래전부터 존재했고 지금의 정치적 분열보다 시간적으로 앞선다. 이 관점의 일부는 민주정치가 이성과 경험에 뿌리를 두도록 하려는 루소, 로크, 칸트 등 다양한 철학자들의 시도에서 유래한다. 이 시도는 20세기에 위르겐 하버마스Jürgen Habermas와 존 롤스John Rawls가 주도했던 철학적 작업에서 절정에 이르렀다. 아주 일반적으로 말하자면 적법한 민주적 정책은 최소한 이상적으로 동등한 시민 간의 자유와 이성에 기반한 합의에서 도출된다는 사고이다. 민주 정부는 신권이나 관습, 사회 전통 같은 것에만 의지해서 자신의 의지를 관철시키지 않는다.

에드먼드 버크Edmund Burke 이후로 보수적인 지식인들은 오랫동안 민주주의의 토대를 마련하기 위해 합리성이라는 이상에 의지하는 구닥다리 자유주의 이론을 공격했다. 가령 미국과 영국에서 전통 보수주의의 영웅적인 철학자로 인정받는 마이클 오크숏Michael Oakeshott은 20세기 중반 자유주의 정치철학은 일종의 합리주의이며, 이 합리주의 철학이 전통적인 공동체 규범을 일축한 것은 패착이라는 중요한 주장을 펼쳤다. 오크숏의 주장에 따르면 자유주의자는 스스로를 "권위의 적, 편견의 적, 단순히 전통적이고 관습적이고 습관적인 것의 적"이라고 생각했다. "게다가 자유주의자는 모든 인류에게 공통된 '이성'에 대한 믿음으로 똘똘 뭉쳤다."[21]

　　오크숏은 자유주의자의 태도가 위험할 정도로 순진하다고 보았다. 문제는 전통을 넘어서면서 편견과 선입견을 넘어설 수 있다는 암묵적인 가정이었다. 하지만 오크숏이 보기에 그것은 가능하지 않았다. 앎이란 항상 전통, 관습, 생활양식이라는 맥락 속에서 형성되기 때문이다. 그의 추론 이후 로저 스크루턴Roger Scruton과 데이비드 브룩스 같은 우파 쪽 지식인뿐 아니라 리처드 로티, 주디스 버틀러Judith Butler, 찰스 밀스Charles Mills 등 좌파 쪽에서도 전통 자유주의에 대한 유사한 비판이 이어졌다. 이 비판가들은 전통 자유주의 철학은 자신이 선입견과는 무관하다는 듯이 설명하지만 이 태도는 자신이 가진 편견을 보지 못하게 만들 뿐이라고 경고했다. 이는 일종의 나쁜 신념을, 그러므로 일종의 지적 오만을 영속시킨다.

나는 이성을 최대한 발휘하고 요구하는 것이 민주주의의 중요한 초석이라고 믿지만 이것은 중요한 비판이라고 생각한다. 인류가 대문자 R의 추론가Reasoner라는 생각, 즉 우리가 육신이 없는 논리적인 추론 기계라는 생각을 지지하지 않아도 우리는 이성과 자유주의 정치철학의 일부 측면을 옹호할 수 있다. 복수의 이성들reasons은 민주주의에 중요하다. 그러나 절대적인 하나의 이성을 말하는 경우라면 그렇다고 할 수 없을 것이다.[22]

민주주의의 토대와 관련된 철학적 논쟁은 이와 종종 혼동되는 두 번째의 좀 더 철학적인 논쟁과는 성격이 다르다. 이 두 번째 논쟁은 자유주의적 진보주의가 지적 엘리트주의와 관련이 있는지 여부를 둘러싸고 진행되었다. 이 논쟁은 더 주류에 가깝고, 좌파와 우파 양측 모두에게 왜곡되는 일이 많다.

지적 엘리트주의를 둘러싼 우려가 등장하게 된 배경 중 하나는 고등교육에 대한 인식 변화이다. 가령 많은 우파 사이에서 대학에 대한 회의론이 증대하고 있는 점을 생각해보라. 2017년 퓨리서치센터Pew Research Center 조사에 따르면 공화당원과 공화당 성향의 일반인 가운데 고등교육기관이 미국의 상황에 부정적인 영향을 미친다고 말한 사람이 58퍼센트인 반면, 긍정적인 영향을 미친다고 말한 사람은 36퍼센트뿐이었다. 이 수치는 솔직히 충격적이었다. 공화당원은 자신들이 대학을 통해 재정적으로 혜택을 누렸다는 것을 인정하는 편이기 때문이다. 게다가 불과 2년 전만 해도 결과는 정반대였다. 공화당원과 공화당 성향의 일반인 중 대다수인 54퍼센트가 대학이 긍정적인 영향을 미친다고 밝힌 반면, 부정적인 영향을 미친다고 말한 사람은 37퍼센트였던 것이다.[23] 다시 말해서 2년만에 공화당원 대부분이 고등교육 기관이 나라에 도움이 된다는 생각에서 피해를 입히고 있다는 생각으로 돌아선 것이다.

보수주의자는 금전적인 면에서가 아니라 문화적인 면에서 대학이 나라에 피해를 입힌다고 생각한다. 젊었을 때는 꽤 자유주의적이었지만 지금은 전보다 보수적이 된 내 오랜 대학 친구는 자신은 아이들을 가장 좋은 학교에 보내기 위해 저축을 하고 있지만 고등교육에 대해 심각하게 우려한다고 털어놓았다. 그 이유는 "더 이상 누구도 열린 마음을 갖고 있지 않은 것 같기" 때문이었다. "학생들은 다른 사람들의 말에 귀를 기울이지 않고 그저 자기 목청만 높이고 싶어 한다." 그가 염두에 둔 것은 보수 인사의 캠퍼스 내 강연에 반대하는 '연단 거부' 시위나, 학생 운동가들이 '백인인 건 괜찮은 일'이라는 생각을 옹호한 보수적인 선동가의 의사 표현(이건 솔직히 아이스크림을 좋아하는 건 괜찮은 일이라는 생각을 옹호하는 것과 다를 바 없어 보인다. 누구도 사실 그런 문제를 놓고 걱정하지는 않는다. 그렇지 않은가?)을 막는 사건처럼 내가 근무하는 대학에도 있는 일들이었다. 이런 사건들이 과거와 분명히 다른 부분이 있다는 점은 지적해둘 만하다. 불과 몇 년 전만 해도 학생들은 세상 물정 모르는 하버드 교수들에게 문제를 제기했다. 그런데 이제는 적극적인 백인 우월주의자들에게 문제를 제기하고 있다. 그럼에도 불구하고 내 친구의 말에는 일리가 있었고 많은 진보적인 교수들 역시 이 점을 우려한다. 사실 이들이 우려하는 유일한 이유는 반민주적인 생각들을 몰아붙이면 음성화될 뿐 사라지는 게 아니기 때문이다.

어떤 경우든 대학이 자유주의의 요새라는 생각은 전체적으로 맞는 말이기 때문에 새롭지도 놀랍지도 않다. 지난 10년간 많은 연구들이 대부분의 학생과 교수진이 가지고 있는 기본적인 생각, 즉 대학의 교수진은 전체적으로 좌파적이라는 생각을 뒷받침했다. 뉴잉글랜드에서는 자유주의적인 교수진이 보수적인 교수진보다 28배 더 많은 것으로 확인되었다.[24] 우파와 좌파 양측의 비평가들(가령 조나 골드버그와 니컬러스 크리스토프Nicholas Kristof)은 종종 이런 격차의 중심에 인문학과 사회과학이 있다고 설명하곤 한다. 그 관점에 따르면 이 분야에서 현장을 운영하는 사람들

은 주로 인종 연구와 젠더 연구 쪽의 교수들이다.[25]

　많은 역사학자, 사회학자, 철학자가 가령 정체성을 이론화하는 작업을 이끌고 있는 것이 사실이긴 해도, 이런 분야들이 과학에 비해 자유주의적 성향의 학자들에게 더 많이 지배당하고 있는지는 분명하지 않다. 사실 데이터는 오히려 반대 방향을 가리킨다. 퓨리서치센터의 조사 결과에 따르면 2009년에도 미국에서 연구하던 과학자 중에서 스스로를 공화당 성향이라고 밝힌 사람은 6퍼센트에 불과했다.[26] 이는 당신의 이웃에 사는 평균적인 물리학자는 이웃에 사는 철학자와 마찬가지로, 자유주의적이면서 별로 종교적이지 않을 가능성이, 그리고 공화당보다는 민주당에 표를 던질 가능성이 평균적인 미국인에 비해 훨씬 높다는 의미이다.

　학계에 자유주의 성향이 지배적인 것은 어제오늘 일이 아니다. 따라서 보수층 내에서 대학에 대한 부정적인 태도가 놀라울 정도로 늘어난 까닭은 그들이 자유주의자들이 자기 자녀를 가르치고 있다는 사실을 갑자기 발견했기 때문은 아니다. ('교육 기관에 자유주의가 유입되다니 충격이야!') 그보다는 이에 대한 〈폭스뉴스〉 같은 미디어의 관심이 증대하고, 트럼프 시대에 반엘리트 수사법이 활개를 치는 것과 같은 요인들이 빚어낸 결과일 가능성이 훨씬 높아 보인다. 새롭게 위세를 떨치고 있는 이 틀은 학계를 다음과 같이 바라본다. 바로 '지적 엘리트'가 나머지 미국인과 정치적으로 다른 생각을 가지고 있으며 근면한 평균적인 미국인을 무시하는 오만한 '노잇올'이라는 생각이다. 이 생각에 따르면 보수층의 또 다른 공격 대상인 할리우드보다 학계가 훨씬 지독하다.

하지만 자유주의의 지배가 비방자들이 두려워하는 그런 영향을 미쳤는지는 분명하지 않다. 자유주의적이든 보수적이든 대부분의 학생은 정치적 관점을 바꾸지 않은 채 대학을 거쳐가는 듯하기 때문이다.[27] 그러므로 자유주의가 고등교육을 지배하는 데서 빚어지는 진짜 문제는 직접적인 영향이 아니다. 그것은 진보가 희망하거나 보수가 두려워하는 거대한 사회 변화로 이어지지 않는다. 진짜 문제는 자유주의가 고등교육을 지배함으로써 우리 문화에 벌어지는 일이 아니라, 논의를 둘러싼 정치적 여건이 진보적인 자유주의를 향해 가고 있는 현상이다.

기본적인 문제는 일종의 부정적인 피드백 고리와 같다. 보수주의자가 엘리트주의를 비난하면 뜻하지 않게 방어적인 반응이 일어나 바로 그 엘리트주의를 부추길 수 있다. 엘리트주의라는 비난이 자유주의의 지위 위협 우려를 촉발할 수 있기 때문이다. (어쩌면 그게 합리적일 수 있다. 젊은 사람들의 마음을 더럽히고 있다고 생각하는 사람이 있다면, 그 사람에 대해 걱정하는 것은 합리적인 반응이다.) 하지만 앞서 주장했듯 지위 위협 우려는 실제 위협에 대한 반응이든, 상상 속의 위협에 대한 반응이든 오만함을 양산할 수 있다. 이렇게 생각해보자. 만일 당신이 학계에 보수주의자가 이렇게까지 적은 이유를 방어해야 하는 상황이라면, 당신은 그들이 학계에 진입하려 했지만 실패했다(또는 시도했다면 실패했으리라)고 결론을 내리고 싶은 유혹이 강하게 들 것이다. 다시 말해서 걱정해야 할 것은 학계에 자유주의자들이 판을 치는 상황이 아니다. 문제는 지금의 사회적 여건에서는 자유주의적인 사고가 우리 자신의 과장 광고를 믿는 아주 인간적인 성향에 장단을 맞추고 있다는 점이다. 이는 진보적인 자유주의만이 이성의 기수가 될 수 있음을 받아들이는 것을 의미한다.[28]

이 우려를 설명하는 또 다른 방법은 이렇다. 앞서 나는 우리가 이성과 경험만으로 우리의 정치적 결정을 정당화할 수 있는지(전통적인 자유주의의 관점) 아니면 관습과 전통에도 호소할 필요가 있는지(전통적인 보수주의의 관점)를 둘러싼 오랜 철학적 논쟁이 있다고 지적했다. 하지만 이 철학적 문제는 다른 문제로 거의 완전히 대체되었다. 오늘날의 진보적인 자유주의자(이론이 아니라 사람들)는 그저 자유주의적이라는 이유만으로 보수주의자보다 더 합리적인가? 또는 더 똑똑한가? 이 새로운 질문이 곤란한 이유는 한두 가지가 아니다. 자신의 파벌이 더 많이 안다는 자아 개념은 그것이 맞든 틀리든 조심하지 않으면 안 된다. 자칫하다가는 진실에 대한 전념을 자신의 우월함에 대한 전념과 혼동하는 결과로 이어질 수 있다. 그것은 내가 지적 오만함의 핵심이라고 주장했던 나쁜 신념의 특징이다. 그리고 이는 반대 의견을 진지하게 여기지 않고 과소평가하며 조롱과 실효성 있는 반대를 혼동하는 결과로도 이어질 수 있는 그런 부류의 오만함이다. 이런 부류의 나쁜 신념은 권위주의적인 폭군의 선출로 이어질 수 있다.

경멸의
정치학

당신은 이 책을 읽으면서 서로 다른 두 개의 감정 사이에서 갈팡질팡했을 가능성이 아주 높다. 하나는 인정이라는 감정이다. 당신은 '맞아, 그들의 오만함은 정말 위험해!' 같은 생각을 했을 것이다. 또 다른 감정은 분함이다. '우린 (X를 할 때) 오만하지 않아. 그냥 합리적일 뿐이라고!' 오락가락하는 감정은 충분히 정상적이지만, 만일 내가 맞다면 이 역시 같은 문제의 증상이다.

    얼마 전 나는 한 아이비리그 대학교의 유명한 과학자의 집에서 열린 바비큐 파티에 참석했다. 거기에 있던 사람들은 모두 함께 정치적 양극화를 주제로 한 워크숍에 참가했다가 막 돌아온 상태였다. 우리가 그릴 옆에 서서 맥주를 마시고 있는데 그가 나를 보더니 이렇게 말했다. "있잖아요, 저는 열린 마음과 정중함, 뭐 그런 것들을 존중하긴 합니다. 하지만 지금은 그럴 때가 아니라는 생각이 드는 건 어쩔 수가 없네요. 그놈들은 엿이나 먹으라죠." 물론 그는 정치에 대해, 그중에서도 특히 트럼프 쪽의 보수주의자들에 대해 이야기하는 것이었다.

내 동료가 표출한 분노는 어쩌면 우리 모두에게 익숙한 것일 수 있다. 나 역시 종종 느낀다. 오늘날의 미국에서 그러지 않기란 힘들고, 이는 좌파에게만 국한되는 일은 아닌 듯하다. 한동안 많은 강경 보수주의자들에게 이는 일종의 주문 같은 것이었다. 강경 우파 라디오 프로그램을 즐겨 듣는 시청자나 대안 우파 블로그의 독자라면 잘 알 것이다.

효과적인 사례로 '일단 들어라Listen First' 프로젝트가 있다. 중도 보수주의자이자 기독교도 대학원생인 피어스 고드윈Pearce Godwin이 시작한 이 운동은 '일단 듣고 그다음에 투표하도록' 사람들을 독려하는 것이 목적이다. 하지만 이 프로젝트는 2017년 백인 우월주의자들이 일으킨 폭력적인 시위로 반대 시위대 한 명이 목숨을 잃었던 버지니아주 샬러츠빌에서 (숱한 유명한 연사들과 함께) 제1차 전국 총회를 개최하면서 엄청난 논란에 휩싸였다. 많은 지역 운동가들이 일단 들으라는 고드윈의 요청을 자신들을 겨냥한 것으로 받아들였고, 그것을 '앉아서 입 다물라'는 의미로 해석했던 것이다. 고드윈은 그건 자신의 의도가 아니라고 항변했지만 많은 사람들에게 샬러츠빌에서 '일단 들어라'라고 요구하는 것은 너무 모욕적이었다. 샬러츠빌에서 행진을 하던 많은 인종주의자들이 "유대인은 우리를 대신하지 못한다"고 연호하던 자칭 나치였다. 누가 나치의 말을 먼저 듣고 싶겠는가? 엿이나 먹어라!

이런 대화의 시도에 의혹을 보낼 수밖에 없는 이유는 그저 용납할 수 없는 구호를 듣고 싶지 않아서 뿐만이 아니다. 편협함을 조금씩 용인하기 시작하면 어느 순간 걷잡을 수 없게 된다는 우려도 있다. 히틀러 치하의 독일에서 나치의 선동을 책임졌던 괴벨스는 "민주주의에 대한 가장 훌륭한 농담은 민주주의가 자신의 적들에게 자신을 파괴할 수 있는 수단을 주었다는 점이다"라는 유명한 말을 남겼다. 여기서 그가 하려던 말은 민주주의의 자유는 그와 똑같은 자유를 약화시키고, 사람들이 민주주의에 등을 돌리게 만드는 데 사용될 수 있다는 것이었다.

철학자 제이슨 스탠리가 강조한 바와 같이 오늘날의 대안 우파 나치들은 이와 동일한 전략을 쓰고 있다. 샬러츠빌에서 행진을 하던 백인 우월주의자들은 자유로운 발언과 결사에 대한 민주적 보호 장치를 이용해서 극도로 반민주주의적인 관점, 즉 비백인을 말 그대로 이등 시민으로 보는 관점을 내세웠다. 그리고 이와 동일한 전략을 〈브라이트바트뉴스Breitbart News〉[보수 성향의 평론가 앤드루 브라이트바트Andrew Breitbart가 만든 인터넷 뉴스 사이트] 페이지와 대통령의 트위터 횐소리에서도 볼 수 있다. 일부 음모론자들은 샌디훅초등학교에서 일어난 초등학생 살인 사건이 정치적 동기에 의해 조작된 것이라는 이야기를 수차례 주워섬기며 자신들은 그저 '기자로서' '진실을 조사'하고 있는 것뿐이라고 주장했다. 거기에는 이의를 달 수가 없다. 그렇지 않은가? 〈포챈〉[이용자들이 익명으로 기고하는 이미지 보드 웹사이트]에 올라오는 글들을 읽으며 완전히 날조된 이야기를 지어내는 것이 저널리즘이라고 생각하는 사람이라면 말이다. 이런 음모론자들은 민주적 수단(자유로운 발언을 보호하는 장치)을 이용해서 민주주의를 약화시키고 있다.

우리가 민주적인 대화의 요구에 반감을 느낄 수 있는 또 다른 이유는 다른 것들도 마찬가지지만 '민주적'인 것이 무엇이냐에 대해서도 의견이 갈리기 때문이다. 이는 반대 의견과 의견 차이가 중요한 일부를 구성하고 핵심 가치의 의미가 협상에 따라 항상 달라지는 민주주의에서 전혀 새로울 게 없다. 하지만 이는 오늘날 특히 두드러진다. 도널드 트럼프는 샬러츠빌에서 행진을 했던 사람들 중 일부는 "꽤

찮은 사람들"이었다는 말로 한 번 더 구설에 올랐다. 아마 트럼프는 (최대한 너그럽게 이해하면) 시위에 참여한 백인 중에는 순수한 인종주의가 아닌 다른 무언가의 동기로 움직인 사람도 있었고, 이런 사람들에게는 스스로 의사를 표현할 권리를 허용해야 한다는 말을 하려던 것이리라. 하지만 보아하니 트럼프는 애국가가 울려 퍼지는 동안 무릎을 꿇고 인종차별에 저항하는 행동을 벌인 (주로) 흑인 풋볼선수들에게는 이와 동일한 자기 표현의 자유를 허용하지 않았고, 이들을 '반역자'라고 생각하기도 한다. 이런 정서는 트럼프에게만 있는 것이 아니다.

정치에서 분노의 감정에 동기를 부여하는 세 번째 복잡한 요인이 있다. 공손함과 대화의 요구는 그 자체로 분열을 초래할 수 있는데, 그 이유 중 하나는 이런 요구가 당신이 어디에 서 있느냐에 따라 서로 다른 것을 의미하기 때문이다. 여기서 핵심 변수는 권력이다. 협상가나 중재자와 대화를 할 때 당신에게 패가 많을 때 하는 대화는 패가 적을 때 하는 대화와 다르게 느껴진다. 거래의 결과가 당신에게 우호적일 가능성이 더 높기 때문이다.

이 모든 이유들 때문에, 이 책의 독자 중에는 지적 오만함에 대한 나의 우려를 불편하게 받아들이는 사람도 있을 것이다. 당신이 격분한 상태일 때 당신의 오류 가능성에 열린 태도를 가지라는 요구는 확신을 굽히라는 요구처럼 들릴 수 있다. 화가 났을 때는 오류 가능성을 인정할 수 없다. 자신이 맞다고 생각한다. 그리고 화는 유용한 정치적 감정이 될 수 있다. 그것은 동기와 초점을 제공한다. 하지만 화는 더 복잡한 도덕적 감정, 즉 경멸로 가는 관문이기도 하다.

　이런 사고실험을 한번 해보자. 당신에게 사람들이 당신의 정치적 관점을 믿게 만들 수 있는 약이 있다. 당신은 그걸로 뭘 할 것인가? 인종주의자 삼촌에게 줄 것인가? 지역 국회의원에게 보낼 것인가? 상수원에 넣을 것인가?

　당신은 유혹을 느낄 것이다. 어쨌든 정치는 판돈이 큰 게임이고, 사람들이 '진실'을 믿게 만들어서 생명을 구할 수도 있다. 하지만 나는 이 약을 상수원에 기꺼이 넣을 사람들조차도 대부분은 그렇게 하는 것이 분명 잘못된 행동이라는 데 동의하리라고 생각한다. 왜 그럴까? 사람들에게 의견을 구하는 것이 아니기 때문이다. 사람들을 의사 결정이 가능한 존재로 대우하지 않기 때문이다. 정치적 올바름의 알약을 사람들 모르게 물속에 집어넣는 행위는 기본적인 존중에 분명하게 위배된다.

　앞서 확인했듯 가장 기본적인 민주적 이상 중 하나, 즉 정체성의 정치라는 개념 이면에 있는 이상은 서로를 기본적으로 존중해야 한다는 것이다. 민주주의에서는 권력을 가진 자가 아무런 정당성 없이 자신의 의지를 강제할 수 없다. 그것은 기본적인 존중을 위배하기 때문이다. 비슷하게 조작과 사기로 정치적 전투에서 승리하는 것은 잘못이다. 정치적 목적으로 온라인에 확산된 가짜 뉴스들이 이맛살을 찌푸리게 하는 것은 부분적으로 이런 이유 때문이다. 우리가 이용당하고 있어서, 단순한 얼간이 취급을 당해서, 그리고 칸트의 표현을 빌리자면 우리를 목적 그 자체로 다루는 것이 아니라 다른 목적을 위한 '단순한 수단'으로 다뤄서.

존중과 민주주의 사이의 이런 관계 때문에 우리는 시민들이 서로에게 책임이 있다고 생각한다. 우리 각자가 얼마나 다르든 법 아래서는 모두가 동등하다. 그리고 민주주의는 부분적으로 이 사실에 토대를 둔다. 우리는 '가짜 뉴스'(또는 사고실험에 나온 세뇌용 알약)보다는 진짜 이성을 교환함으로써 서로를 기본적인 존중으로 대하고, 법적으로만이 아니라 인지의 주체로, 앎과 믿음을 가진 존재로 대해야 함을 인정한다. 사람들을 이런 식으로 존중하는 것이 모든 사람을 전문가처럼 대한다는 의미는 아니다. 그건 멍청한 짓이다. 하지만 의사 결정을 할 능력이 있는 사람으로, 지식의 잠재적인 출처로 대한다는 의미인 것은 맞다.

이런 이유에서 여성의 관점을 재포장해서 그게 마치 자신의 통찰인 것마냥 자연스럽게 여성에게 다시 설명하는 맨스플레이너mansplainer는 기본적인 존중이 결여된 사람이다. 보통 남자들이 대화 상대를 무시하는 것은 상대에게 정보가 부족하다고 생각하기 때문이 아니다. 상대의 기여가 자신의 기여보다 기본적으로 덜 중요하다고 생각하기 때문이다. 그들은 상대의 기여가 자신에 비해 신뢰도가 떨어진다고 생각한다. 그리고 이때 그들은 여성의 말에 대꾸할 필요가 없다고 느낀다는 신호를 암묵적으로 보낸다. 성차별주의자는 자신이 여성에게 책임이 있는 존재라고 생각하지 않는다. 일반적인 '노잇올'은 자신이 스스로를 제외한 누군가에게 책임이 있는 존재라고 생각하지 않는다. 이는 비민주적인 태도다. 민주주의에서는, 최소한 이상 속에서는, 우리는 서로에게 책임이 있다.[29]

정치적인 정책에 접근할 때 경멸적인 태도를 허용하는 것이 위험한 이유는 이 때문이다. 차가운 경멸은 그와 사촌 관계인 뜨거운 분노와 마찬가지로 멋진 기분이고, 때로 정당화되기도 한다. 하지만 경멸이 정책에 스밀 경우 어두운 무언가로 귀결될 수 있다. 그런 정책은 우리와 적대 관계에 있는 사람들을 (우리가 실제 그 사람들을 경멸하지 않더라도) 기본적인 존중조차 받을 자격도 없는 존재로 취급한다. 그런 정책을 지지해야 하는가? 많은 사람들이 이런 선택을 강요받고 있다고 느끼는 것도 당연하다. 민주적인 목적을 위해 비민주적인 방법을 사용함으로써, 비민주적인 목적을 위해 민주적인 방법을 동원하는 데 저항할 것인가 말 것인가? 많은 사람들에게 이는 상수원에 알약을 넣는 것처럼 비민주적인 방법을 사용해 민주주의를 지킬 것인가를 묻는 선택으로 다가온다. 우리의 믿음을 다른 사람에게 강요하는 정치적 조치를 취할 것인가 말 것인가에 대한 선택 말이다. 감정적으로 표현하자면 그것은 존중에서 경멸로 넘어가는 것이다.

미국에서 정치와 무관한 삶의 영역이 점점 줄어들고 있다는 사실만 아니면, 기본적인 존중을 버리고 경멸을 택하고픈 유혹은 그렇게 크지 않을 것이다.[30] 우리가 사는 곳, 모는 차, 먹는 음식, 다니는 학교와 교회, 즐기는 취미와 스포츠, 읽는 책, 보는 텔레비전 프로그램, 입는 옷, 이 모든 것들이 점점 파벌적인 의미를 띤다. 만물이 의미로, 깊은 의미로 가득 찼고, 소셜미디어를 수치심과 모욕감을 유발하는 수단으로 삼는 자유주의자들은 분명 여기에 기여했다.

앞장의 논의를 통해 확인했듯 평범한 일과 사안에 의미가 가득 들어찰 때 정치적인 것의 영역, 즉 **확신의 영역**은 확장된다. 그리고 이런 일이 일어날 때 한때 논쟁이나 대화의 문제였던 것이 권력의 문제 그리고 업신여김과 도덕적 경멸의 기회가 될 수 있다.

경멸은 대단히 복잡하고 역설에 가까운 감정이다. 우리는 사리 분별을 못하는 사람, 도덕적인 잘못을 저질렀을 뿐만 아니라 **인간으로서** 실패한 사람을 경멸한다. 여기서 인간으로서 실패했다는 것은 존중을 박탈당한 것으로 간주된다는 의미이다. 이는 그저 은혜를 모른다거나 무모하다거나 단순히 잘못된 신념을 가지고 있다고 간주되는 것과 다르다. 경멸당해 마땅한 사람은 도덕적인 잘못을 저지르는 데 그치지 않는다. 절도를 했다는 이유만으로 누군가를 경멸하지는 않는다. 우리는 그가 도둑질이 잘못된 행동임을 인지하고 있었음을 알아야 하고, 동시에 그가 어느 정도는 구제불능의 상태에 대한 책임이 있다고 여겨야 한다. 어쩌다 보니 잘못된 일을 저지르게 된 사람과는 반대로, 경멸의 대상은 어떤 면에서 질 낮은 사람으로, 공을 들일 가치가 없는 사람으로 간주된다.

모든 감정이 그렇듯 경멸에는 정도가 있다. 어떤 사람을 극도로 또는 전적으로 경멸하는 것은 그 사람을 두 가지 관점으로 보는 것이다. 첫째, 인간으로서 도덕적인 실패자, 따라서 인간이라면 누려야 하는 기본적인 존중을 받을 만한 자격이 더 이상 없는 사람으로 보는 것이다. 둘째, 그 도덕적인 실패에 책임이 있는 사람으로 보는 것이다. 누군가를 전적으로 경멸하는 것은 마치 인간성이 누군가가 통과하거나 실패할 수 있는 테스트라는 듯이 일관성 없이 행동하는 것이다. 하지만 바로 이런 가정 때문에 경멸은 가장 비인간적인 행동을 정당화하게 된다.

경멸은 강력한 태도이지만 별로 민주적인 태도는 아니다.[31] 그리고 자유주의자들은 여기에 주의를 기울일 필요가 있다. 내가 이렇게 말하는 이유는 오늘날의 다른 모든 사람들처럼 나 역시 나와 정치적으로 반대편에 있는 많은 사람들에게 경멸을 느끼기 때문이다. 나 역시 정당한 분노를 느낀다. 하지만 그 위험 역시 인정하게 되었다. 어떤 사람 또는 이데올로기에 대해 경멸을 느끼게 되면 존중은 정의定義의 문제가 되어 종적을 감춘다. 사람들은 자신이 경멸하는 대상과 타협하기 위해 노력하지 않는다. 그들의 가치와 중첩되는 합의점을 모색하지도, 자신의 아이들이 그들과 어울리기를 바라지도, 저녁 만찬 파티에서 그들과 대화를 시도하지도, 그들이 위협을 받거나 괴롭힘을 당할 때 그들을 돕기 위해 나서지도 않는다. 자유주의자들은 이 위험을 염두에 둘 필요가 있다. 오만함의 쌍생아는 경멸이고, 경멸은 한번 빠지면 돌이키기 쉽지 않은 태도다. 분노, 심지어 울화는 한번 느꼈다가 사라지기도 한다. 하지만 일단 무언가를 경멸하게 되면 그 구멍에서 빠져나오기가 힘들다. 하지만 이 구멍은 좌파가 스스로 판 것이다. 우파가 그러는 건 멸시하면서도 말이다.

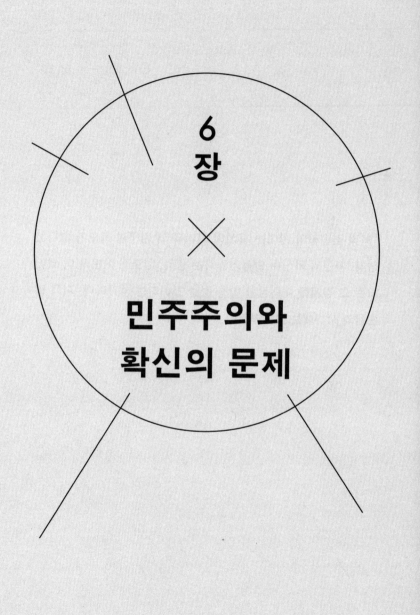

6
장

민주주의와
확신의 문제

"지적 겸손함의 반대는 확신이 아니라 더 탐구할 필요가 없다는 생각, 자신의 확신이 안정되었다는 생각, 앞으로 어떤 일이 벌어지든 그 경계를 재협상할 일을 없을 것이라는 생각이다. 지적 겸손함의 정반대는 오만함이다."

## 소크라테스의
## 교훈

서구 전통에서 진리를 추구하는 가장 오래된 방법 중 하나는 소크라테스의 문답법이다. 기본적으로 이 방법은 질문하는 사람과 대답하는 사람, 둘의 대화로 이루어진다. 소크라테스는 종종 인정사정없이 좌절감을 안기며 밀어붙이다가, 결국 엄청난 진실을 드러내는 것이 아니라 무지를 인정하는 것으로 끝나는 일련의 과정으로 문답법을 활용했다. 소크라테스는 보통 중요한 무언가에 대해 상당히 많이 알고 있다고 거만하게 주장하는 누군가에게 질문을 던졌다. 그리고 일반적으로 질문을 받은 사람은 자기가 원래 주장했던 것보다 아는 것이 더 적다고 인정하거나, 갑자기 자신에게 또 다른 볼일이 생겼다며 황급하게 자리를 뜨는 것으로 마무리되었다. 《테아이테토스*Theaetetus*》속 대화에서 가져온, 앎에 대한 아래 단락이 대표적이다.

| 소크라테스 | 현자가 현명한 것은 현명함 때문인가? |
|---|---|
| 테아이테토스 | 네. |
| 소크라테스 | 그리고 그건 어쨌든 앎과는 다른가? |
| 테아이테토스 | 뭐라고요? |
| 소크라테스 | 현명함 말일세. 사람이 아는 것이 있으면 그건 현명한 게 아닌가? |
| 테아이테토스 | 당연히 현명합니다. |
| 소크라테스 | 그러면 현명함과 앎은 같은 것인가? |
| 테아이테토스 | 네. |
| 소크라테스 | 그렇다면 나는 절대 만족스럽게 해결할 수 없는 어려움이 있네. 앎이란 무엇인가? 우리는 이 질문에 대답할 수 있나? 자네는 뭐라고 하겠나? 우리 중에 누가 먼저 이야기할까? … 어째서 아무 대답이 없는 건가?[1] |

대화 과정은 상당히 고통스러워 보일 때가 많다. 소크라테스는 나중에 자신의 재판이 진행되는 동안, 현명하다고 알려진 어떤 정치인을 반대 심문할 때 일어난 일을 전하며 스스로도 이 점을 인정했다.

저는 그에게 그가 스스로를 현명하다고 생각하지만 사실은 현명하지 않다는 점을 설명하려 했습니다. 그 결과 그는 저를 증오하게 되었습니다. … 그래서 저는 이렇게 혼잣말을 하면서 그 자리를 떴습니다. 음, 나는 우리 중 누구도 정말로 아름답고 좋은 것을 안다고 생각하지는 않지만, 내가 그보다는 형편이 낫네. 그는 아무것도 모르면서 안다고 생각하니까. 그런데 나는 알지도 못하고, 안다고 생각하지도 않잖아.[2]

여기서 소크라테스의 말은 자기 방법론의 두 가지 독특한 요소를 강조하는데, 이 두 가지 모두 이 책에서 관심을 가지는 중요한 난제인 '믿음과 확신을 어떻게 유지할 것인가'와 관련이 있다.

첫 번째 요소는 이 방법론이 종종 상대하는 사람들, 오만한 사람과 힘 있는 사람에 대한 것이다. 소크라테스는 힘이 있는 사람일수록 자신이 의견을 형성하는 방식에 더 관심을 기울이고, 자존심과 진실을 혼동했을 가능성에 더 열려 있어야 한다고 말하는 듯하다. 플라톤이 《국가》에서 보여주듯 소크라테스는 이 관점의 가장 노골적인 버전을 논박하는 데 특히 열을 올렸다. 트라시마코스Thrasymachus라는 인물을 통해 제시된 이 관점은 '정의는 힘 있는 사람의 편' 또는 우리가 종종 표현하듯 '주먹이 법이다'라는 생각을 담고 있다. 힘 있는 사람들은 이 암울한 말에 항상 유혹을 느꼈고, 거기에는 분명한 이유가 있었다. 이는 지적 오만함에 대한 철학적 변명이었다. 이 주장에 맞서 싸우던 소크라테스는 자신의 재판과 그 결과 선고된 사형을 통해 권력을 문제 삼는 사람들에게 닥치는 전형적인 결과를 맞닥뜨렸다.

앞서 인용된 소크라테스식 문답법의 두 번째 요소는 지적 오만함에 대한 소크라테스의 관심이 자기 자신에서 출발한다는 점이다. 그의 출발점은 자신의 한계에 대한 의식, 자신이 모르는 것에 대한 의식이었다. 이는 탑에 있던 몽테뉴에게 많은 영감을 제공했고 지적 오만함이 정치에 미치는 위험에 경종을 울린 몽테뉴의 글에 토대가 되었다.

진정한 현명함에 이르는 길은 자신이 무엇을 모르는지에 대한 깨달음과 함께 시작된다고 강조했던 옛 현인은 유럽의 소크라테스만이 아니었다. 아시아의 노자 역시 같은 지적을 했다. "내가 모른다는 사실을 아는 것이 최선이다. 내가 모른다는 사실을 알지 못하는 것은 결함이다."[3] 두 철학자 모두 우리의 한정된 앎을 단순히 인정하는 것 이상을 강조한다. 두 사람 모두 앎의 부재는 종종 우리의 편견, 추측, 집착, 맹점에서 온다는 점을 지적하는 데 관심이 있었다. 그래서 소크라테스는 정치인은 권력과 앎을 혼동하는 경향이 있고, 성공한 사람은 한 분야의 앎이 모든 분야의 앎을 의미한다고 생각하는 경향이 있으며, 수사학자는 진리를 설득으로 대체한다고 역설했다.

소크라테스가 실제로 어떤 관점을 중요하게 여겼는지를 정확하게 알기는 힘들다. 소크라테스의 철학에 대한 최고의 정보원인 플라톤에게는 지적으로도, 정치적으로도 자신의 의제가 있었다. 아리스토파네스Aristophanes는《구름*The Clouds*》에서 소크라테스를 정신 나간 괴짜, 사람들의 말꼬리를 붙들고 늘어지는 데만 관심을 가지고 전통을 공격하는 사람으로 묘사한다. 사람들이 가만히 앉아 있기를 원하는데도 다이달로스Daedalus[그리스신화에 나오는 조각가이자 이카로스의 아버지. 워낙 실력이 뛰어나서 그가 만든 조각상은 살아 움직일 수 있다는 찬사를 받았고, 이렇게 움직이는 조각상은 새로운 정보를 접할 때마다 바뀌는 믿음의 성격에 대한 은유로 사용되기도 했다]의 조각상처럼 움직이게 만드는 데만 관심이 있는 사람으로 서술했다. 누구나 동의하는 한 가지 사실은 소크라테스가 친구든 적이든 주변모든 사람을 괴롭히는 날카로운 질문자였다는 점이다. 젊은이들의 마음을 어지럽혔다는 이유로 아테네에서 재판이진행되는 동안, 소크라테스는 저승인 하데스에서 혼령들에게 질문을 할 수만 있다면 사형선고를 받더라도 마음이 편안할 것이라고 말했다.

소크라테스의 방법론에 무슨 문제가 있든지 간에 그는 '믿음을 어떻게 얻을 것인가'라는 우리의 질문에 아주 중요한 몇 가지 교훈을 제시한다. 이 교훈들은 그의 가장 근본적인 통찰, 즉 무엇을 믿을지 판단할 때는 최대한 우리의 가정을 비판적으로 검토해야 한다는 인식의 결과이다. 이런 비판적 검토를 거쳐야만 자존심이 아닌 진리를 추구할 수 있고 힘 있는 사람들을 따라다니는 오만함을 피할 수 있다.

첫 번째 교훈은 이 책을 관통하는 꾸준한 주제였다. 그것은 바로 진실을 진지하게 추구하려면 일단 우리 자신의 인지적 한계를 인정해야 한다는 것이다.[4] 우리는 자신이 모든 걸 알지 못한다는 사실뿐만 아니라 내가 안다고 생각하는 많은 것들이 편견과 추정에 입각한 것일 수 있음을 직시할 필요가 있다. 우리의 확신은 원칙에 입각한 성찰의 결과가 아니라, 더 큰 문화적 서사를 맹목적으로 수용한 결과일 수 있음을 깨달아야 한다.

몽테뉴와는 달리 소크라테스는 회의론자가 아니었다. 소크라테스는 인간은 알기 위해 최소한 노력은 해야 한다고, 노력 자체가 정치에 중요하다고 생각했다. 하지만 그는 이것을 혼자 할 수 있는 성질의 것이라고 보지 않았다. 소크라테스에게 탐구는 변증법적이었다. 앎을 손에 넣을 수 있다면 그것은 다른 사람과의 대화에서 비롯될 것이다.

우리에게는 서로 대화하라고 권하는 고대 그리스 철학자가 필요하다. 우리가 살고 있는 디지털 경관, 즉 스마트폰의 환한 화면을 들여다보느라 구부정하게 웅크린 인간들이 점점이 흩어져 있는 풍경의 징후 때문이다. 인간의 대화는 여전히 앎을 추구할 때 가장 유용한 소프트웨어 중 하나다. 당연히 목적에 따라 다양한 방식으로 대화에 참여할 수 있다. 목적이 이기는 것일 수도, 자신의 주장을 정당화하고 상대방의 오류를 드러내는 것일 수도 있다. 문제를 해결하고, 증거를 살펴보고, 정보를 공유하는 것일 수도 있다. 아니면 그저 이해하고, 차이와 공통점을 탐구하고 싶을 수도 있다.[5] 소크라테스가 이 중에서 어떤 목표를 염두에 두었는지는 논쟁의 대상이며, 나는 여기서 그 문제를 가늠하지는 않을 것이다. 이 책의 목적에 비추어 더 중요한 지점은 다른 사람과의 토론이 앎의 관점에서 유익할 수 있다는 사실이다. 소크라테스의 대화에서처럼 그 어느 쪽도 확실한 의견에 도달하지 못하더라도 말이다.

다시 말해서 우리는 아무리 합의에 이르지 못하더라도 다른 사람과의 대화에서 배움을 얻을 수 있다. 가령 최소한 어떤 관점을 지지하지 않을지를 알게 될 수도 있고, 그냥 뭐라고 생각해야 할지 모르겠다는 배움을 얻을 수도 있다. 하지만 여기에는 간과하기 쉬운 더 심오한 지점이 있다. 그것은 바로 다른 사람과의 대화를 통해 우리는 자신이 무엇을 믿는지를 알게 되는 일이 많다는 것이다.[6]

이는 이야기를 끝까지 해보면 스스로가 정말로 뭐라고 생각하는지를 **발견**할 수 있다는 의미에 그치지 않는다. 이게 틀린 말은 아니지만 오해를 불러일으킬 수 있다. 이 말은 사고와 언어를 가지고 우리의 개념과 신념과 확신을 안정되고 정확하게 나타낼 수 있다는 의미를 담고 있다. 이 비유는 대화 과정에서 우리가 그저 그것들을 발견하고 조명하게 된다는 암시를 준다. 그저 올바른 언어, 올바른 단어를 발견하기만 하면 이미 완벽하게 분명한 우리의 사고를 표현할 수 있다는 것이다.

물론 이런 일이 일어날 수도 있다. 하지만 다른 일 역시 일어난다. 우리는 다른 사람들과 대화를 하다가 또는 공적인 토론에 참여하다가 확신을 발견하는 게 아니라 창조한다. 대부분의 사람들에게는 특별히 정확하거나 조심스럽게 도출한 도덕적 신념과 정치적 신념이 없다. 그 이유 중 한 가지는 분명하다. 플라톤이나 애덤 스미스, 칸트 같은 정치 사상가들의 깊이를 가늠하는 것은 고사하고 세금, 이민, 무역 등 어려운 정책의 모든 영향을 고찰할 시간도 의향도 없기 때문이다. 어쨌든 사람들에게는 할 일이 있다. 가족을 돌봐야 하고, 경력을 쌓아야 하고, 예술품을 창조해야 한다.

그러므로 우리의 정치적 관점에 정확함이 부족한 이유 중 하나는 정확함을 높일 시간이 없기 때문이다. 하지만 정치적 신념 그 자체에 고질적으로 따라오는 또 다른 이유가 있다. 우리가 정치에서 차용하는 개념들, 이를테면 결혼이나 이민 같은 분명한 개념뿐만 아니라, 공정함이나 자유 같

은 일반적인 개념은 그 자체로 불안정할 때가 있다는 것이
다. 이런 개념들의 경계는 정확하지 않다. 또는 이런 개념들
의 핵심은 아주 다양한 방식으로 확장되고 더 정확하게 다
듬어질 수 있다.

정치적인 개념뿐만 아니라 우리가 사용하는 많은 개념
이 이와 같은 방식으로 불안정하다. 비트겐슈타인은 우리
가 사용하는 많은 개념이 서로 '가족적 유사성'을 가진 것들
에 적용된다고 지적했다. 가족 구성원에게는 그들이 모두
공유하는 특별한 특징은 없을 수 있지만, 중첩된 특징들의
집합이 있을 수는 있다. 일부는 코 모양이 같지만 머리카락
색깔은 다르고, 일부는 머리카락 색깔과 키는 같지만 체격
이 다를 수 있다. 그럼에도 이런 특성들이 서로 맞물리면 우
리는 그 유사성을 짚어낼 수 있다.

비트겐슈타인은 게임 역시 중첩되는 특징들을 공유할
뿐이라고 생각했다. 어떤 게임들은 경쟁을 조장하지만 전
부가 그런 것은 아니다. (벽에 공을 던지며 노는 아이를 생
각해보라.) 어떤 게임은 팀을 짜서 해야 하지만 전부가 그
렇지는 않다. 어떤 게임에는 분명한 규칙이 있지만, 또 다
른 게임은 규칙이 바뀌거나 현장에서 만들어진다. 그러므
로 게임의 개념은 불안정하거나 유동적이다. 게임이 무엇
이 될 수 있는지는 어떤 한 가지 특징이나 본질에 따라 고정
되지 않는다. 그럼에도 유사성을 찾을 수 있기 때문에 우리

는 게임이라는 명칭을 다는 것이 유용하다고 생각하고 거기에 해당될 만한 새로운 것들을 마음껏 만들어낸다. 비트겐슈타인은 우리가 사용하는 많은 개념들 역시 마찬가지라고 생각했는데, 그의 핵심을 파악하기는 어렵지 않다. 재즈, 종교, 포르노 등 온갖 다양한 개념 모두가 이와 비슷해 보인다. 그것들은 단일한 결정적 본질이 아닌, 폭넓은 특성을 지닌 가족으로 구성된 것들에 적용된다.

이처럼 개념들은 본성상 유동적이고 불안정하기 때문에 가령 무엇을 게임이나, 종교나, 재즈로 간주할 것인가에 대한 논쟁은 종종 노골적인 협상의 형태를 취한다. 새롭게 발명된 운동장 게임의 규칙을 협상해본 기억이 있거나, 아이와 함께 놀이를 해보았거나, 피겨스케이팅을 올림픽종목으로 여겨야 하는지를 놓고 술집에서 벌어진 토론에 참여해본 적이 있는 사람이라면 무슨 말인지 알 것이다. 이런 상황에서는 우리가 그저 개념을 임의로 끌어당겨 사용하고 있음을 정당화하려 노력한다는 점을 스스로 알고 있다.[7]

내가 말하고자 하는 것은 우리가 정치 논쟁에서 사용하는 많은 개념들이 이런 식이라는 것이다.[8] 가령 결혼이라는 개념을 생각해보자. 이 개념에 대한 정치적 주장들은 한동안 그것이 남녀 간의 결혼이 아닌 다른 식의 결합에도 적용될 수 있는지에 쏠렸고, 어떤 사람들은 그래서는 안 된다고, 어떤 사람들은 가능하다는 주장을 펼쳐서 결국 후자의 승리로 판명이 났다. 양측에서는 때로 이 개념이 완벽하게 안정되었다는 듯이, 즉 모든 사람이 그 개념의 정확한 경계가 어디에 있는지를 알고 있다는 듯이 행동하곤 했다. 하지만 나는 우리가 이 개념에 대한 정치적 논의가 전개되는 동안 그 경계를 놓고 협상을 벌이고, 임의의 한쪽 방향으로 그 개념을 끌고 가는 암묵적이고 명시적인 이유를 서로 교환했다고 보는 편이 더 정확하다고 생각한다. 게다가 나는 이 사례가 이례적이라고 생각하지 않는다. 공적인 토론은 창조와 발견을 결합하여 개념을 재협상하는 꾸준한 과정일 때가 많다. 이 과정을 통해 우리는 무언가를 배운다. 여기서 우리의 개념이 어떻게 사용되는지를 배울 뿐만 아니라, **재협상을 통해 그것이 미래에 어떻게 사용되어야 하는지에 관한 심도 깊은 규칙을 만든다.**

확신은 이런 창조와 발견의 결합을 통해 변할 수 있다. 1989년생인 데릭 블랙Derek Black은 저명한 백인 민족주의자 집안에서 자랐다. 그의 아버지는 신나치 웹사이트 〈스톰프런트Stormfront〉의 설립자였다. 그리고 블랙 자신은 아주 적극적인 백인 우월주의자로 성장해서 플로리다에서 공직에 출마하고(그리고 선출되고), 아버지와 함께 라디오 쇼와 〈스톰프런트〉에서 활약하고, 전반적으로 인종주의 의제에 힘을 실었다. 하지만 대학에 다니던 중 동료 학생인 매슈 스티븐슨Matthew Stevenson과 우정을 쌓고 나서 마음을 바꾸었다. 스티븐슨이 블랙을 매주 안식일 만찬에 초대했던 것이다.[9] 이 저녁 만찬 자리에서 블랙은 처음에는 비정치적인 주제를 놓고 대화를 나눴다. 하지만 시간이 지나면서 신뢰가 쌓였고, 이들은 인종주의에 대해 이야기하기 시작했다.

블랙은 스티븐슨과 그 외 다른 사람들과 대화를 하면서 처음으로 자신의 백인 우월주의를 허물어뜨리는 증거를 접하기 시작했다. 게다가 그는 이런 백인 우월주의가 초래할 결과, 그것이 낳게 될 인종적 테러를 이해하기 시작했다. 대학을 졸업하기 전 블랙은 공개적으로 백인 우월주의를 내려놓겠다고 선언했다. 나중에 〈뉴욕타임스〉에 실린 칼럼에서 그는 자신의 전향을 이런 식으로 설명했다. "내 관점을 바꿔놓은 대화가 시작된 것은 다른 사람이 왜 나를 두려워하는지 이해할 수 없었기 때문이었다. 나는 내가 옳은 일을 하고 있고 내가 사랑하는 사람들을 지키고 있다고만 생각했다."[10] 결국 그는 인종주의 이데올로기를 두려워할 이유가 충분하다는 사실을 배우게 되었다. 이런 이유들 때문에 그는 인종주의를 단념하고, 반인종주의에 견실하게 전념하게 되었다.

블랙의 특별한 전향에는 당연히 아주 복잡한 여러 가지 이유가 있다.[11] 하지만 그의 사례는 기본적으로 신뢰를 쌓고, 다가서고, 대화하고, 오만하지 않는 것이 중요함을 보여준다. 블랙의 확신이 변하게 된 것은 증거를 따르고, 훨썬 더 깊은 도덕적 확신을 기준으로 자신의 확신에 일관성이 있는지 검증한 성찰의 결과였다. 그의 기본적인 믿음 중에는 다른 사람에게 상처와 두려움을 안기는 관점을 포용해서는 안 된다는 생각이 있었다. 그런데 그는 제시된 근거를 보고 자신이 그런 관점을 포용하고 있었다는 사실을 깨달았다. 이런 새로운 확신은 여전히 그가 어떤 사람이 되고 싶어 하는지를 반영한다. 그러나 그것은 그가 자신이 되고자 하는 상象을 바꾸었기 때문에 일어난 일이었다. 그리고 실제로 자신이 어떤 부류의 사람이었는지를 몰랐었다는 걸 깨달았기 때문에 일어난 일이었다. 그는 자신의 인종주의적 관점이 자신의 또 다른 확신에 위배된다는 사실을 발견했을 뿐만 아니라 새로운 반인종주의적 확신을 만들어냈다.

확신은 우리의 자아 정체성을 반영하기 때문에 바꾸기가 어렵다. 확신에 대해 이야기하는 것조차 민감할 수 있고 배신처럼 느껴질 수 있으며, 반대 의견을 가진 사람들과 확신을 놓고 공공연한 토론을 벌일 경우 우리의 관점이 더 단단하게 굳어지는 결과가 초래될 수 있다. 하지만 블랙의 사례는 항상 이런 식은 아니라는 것을 보여준다. 우리가 소크라테스의 접근법을 가지고 우리의 확신에 접근할 때, 다른 사람들의 근거와 경험에 의지함으로써 우리의 관점을 개선하고 다시 빚어낼 의지를 보일 때, 변화는 가능하다.

오만에서
자유로워지는 법

이런 성찰은 우리가 믿음을 어떻게 유지할 것인가에 대해
독특한 소크라테스적인 태도를 취할 수 있음을 시사한다.
어쩌면 그것은 철학의 가장 심오한 유산이자 '어떻게 살 것
인가'라는 질문에 대한 철학의 진실되고 정직한 답변인지
모른다. 몽테뉴와 흄은 불완전하게나마 그것을 구현하려
고 노력했다. 미국의 철학자 존 듀이John Dewey라면 그것을
열린 마음가짐이라고 불렀을 것이고, 교육 기관에서는 때
로 비판적인 사고라고 부른다. 하지만 그것을 지칭하는 최
고의 용어는 '지적 겸손함intellectual humility'인지 모른다. 그
것은 어떤 특징이라기보다는 일종의 정신적인 자세나 지
향, 우리가 더 가질 수도 덜 가질 수도 있으며, 사회적 조건
에 따라 강화되거나 억압되기도 하는 어떤 것이다. 하지만
이는 탐구를 위해, 그리고 내 믿음에 따르면 민주주의 자체
를 위해 중요한 태도이다. 나는 그것을 이렇게 정의할 것이
다. 지적 겸손함은 자신의 세계관이 다른 사람들의 경험과 새로
운 증거를 통해 향상될 여지가 있다고 보는 것이다.[12]

　　다른 사람들이 테이블로 가져온 것을 통해 자신이 향
상될 수 있다고 보려면, 모든 걸 알고 있다고 생각해서는 안
된다. 소크라테스의 첫 번째 교훈을 체득하고 자신의 한계

를 인정해야 한다. 하지만 지적 겸손함은 내가 모른다는 사실을 인정하는 것 이상의 의미가 있다. 지적 겸손함은 다른 사람들의 경험과 증거에서 배움을 얻고자 하는 것을 뜻한다. 우리가 동료, 팀원, 친구의 지적 겸손함을 귀하게 여기는 것은 이 때문이다. 그리고 지적 겸손함이 민주주의를 위해 아주 중요한 것도 이 때문이다. 듀이가 학자로서 활동하는 내내 주장했듯 민주정치가 성공하려면 꾸준한 노력이 필요하다. 우리는 상호 존중을 위해 노력해야 하고, 그러려면 경청과 배움에 힘써야 한다. 열린 마음가짐을 갖기 위해 노력하고, "새로운 문제를 고찰하거나 새로운 생각을 기꺼이 즐기지 못하고 마음을 닫아버리는 습관과 편견, 당파성으로부터" 자유롭기 위해 노력하는 것이다.[13] 요컨대 우리는 오만함에서 자유로울 필요가 있다.

소크라테스의 질문은 지적 겸손함이 진실에 마음을 쓰는 것임을 보여준다. 이 때문에 이 태도는 과학과 철학의 중심에 있다. 어쩌면 그보다 더 놀라운 것은 지적 겸손함이 자신감 역시 요구한다는 점이다. 소크라테스의 지적 겸손함은 신념에 대한 소심함이 아니다. 회의주의적 태도도 아니다. 최소한 그것이 내가 뭘 알기는 하는지 의심하는 태도를 의미하는 것으로 이해된다면 말이다. 소크라테스의 겸손함을 취하려면 자신의 자존심에 과도하게 마음을 쏟아서는 안되지만 그렇다고 해서 자존심이 없어야 한다는 말이 아니다. 그저 자존심을 진실보다 앞세우지 않는다는 말이다. 다른 사람으로부터의 배움에 열려 있기 위해서는 내가 뭘 알고, 뭘 모르는지를 깨달을 정도로 충분히 자신감이 있어야 한다.

이 모든 것은 우리에게 지적 겸손함은 확신의 반대 개념이 아니라고 말한다. 개선에 열려 있으려면 먼저 개선의 발판이 있어야 한다. 듀이의 말처럼 이런 종류의 태도는 "공허한 열려 있음과는 아주 다르다. 그것은 새로운 주제, 사실, 생각, 질문에 대한 환대인 반면, '들어오세요. 집에는 아무도 없습니다'라고 적힌 표지판을 걸어놓는 행동이 시사하는 종류의 환대는 아니다."[14] 다시 말해서 다른 모든 조건이 동일하다면, 다른 사람의 이야기에 귀를 기울이는 것은 가치 있는 다른 것들과 마찬가지로 좋은 일이다. 하지만 모든 조건이 언제나 동일한 것은 아니다.

거짓말에 대해 생각해보자. 당신의 어머니는 당연히 정직이 최선의 방책이라고 가르쳤을 것이다. 그리고 그것은 사실이다. 하지만 방책에는 예외라는 게 있다. 나치가 집 앞에 와서 다락에 숨어 있는 유대인을 찾고 있을 때는 속이는 것 말고는 다른 현실적인 선택지가 없다. 지적 겸손함 역시 마찬가지다. 집 앞에서 백인 우월주의자들과 이야기할 때 인종주의에 대한 당신의 관점을 진지하게 재고할 필요는 없다. 그 이유는 지적 겸손함의 핵심 의미와 관계가 있다. 지적 겸손함은 부분적으로는 다른 사람들의 경험과 증언이 제공하는 증거에 열려 있음을 의미한다. 하지만 여기서 '증거'가 핵심이다. 누군가가 당신에게 다가와서 지구가 평평하다고 말한다고 해서 그 말을 진지하게 여길 필요는 없기 때문이다. 유명한 표현을 바꿔서 말하면, 지적으로 겸손해지기 위해 뇌가 쓸모없을 정도로 심하게 열린 마음가짐을 가질 필요는 없다.

그러므로 지적 겸손함은 믿음에 대한 소심함이 아니다. 비굴한 노예 상태도 아니다. 내가 관심을 갖는 겸손함은 줏대 없이 굽신거리거나 자신이 다른 사람들보다 열등하다고 생각하는 것이 아니다. 다른 사람들 또는 대다수가 그렇게 해야만 한다고 해서, 자신의 확신을 포기하는 것도 아니다. 소크라테스의 인생이 분명히 보여주듯 오만함에 맞서 싸우며 진실을 추구하면 권력을 가진 사람들과 종종 갈등에 휘말린다. 권력을 가진 사람들은 현 상태에 대한 도전에 가장 저항적이고, 자신이 자존심과 진실을 혼동한다는 사실을 인정하는 능력이 가장 부족한 사람들일 경우가 많기 때문이다. 이 사실은 종종 누가 오만하고 누가 겸손한지가 논란거리일 수 있음을 의미한다.

풋볼 경기장에서 무릎을 꿇는 단순한 행동이 미국에서 파벌적인 오만함을 그 어느 때보다 들끓게 했다. 2016년 시즌에서 샌프란시스코 포티나이너스의 프로 쿼터백 콜린 케퍼닉Colin Kaepernick은 경기가 시작되기 전 국가를 제창하는 동안 무릎을 꿇음으로써 아프리카계 미국인에 대한 부당한 경찰 폭력에 저항하기로 결심했다. 케퍼닉은 발언을 하지도, 많은 인터뷰를 하지도, 연설을 하지도 않았다. 그저 무릎을 꿇었다.

케퍼닉의 저항에 대한 반응은 이데올로기와 디지털 플랫폼의 유독한 결합으로 오만함과 경멸의 화염이 어떻게 지펴지는가를 보여주는 교과서적인 사례다. 하지만 이는 동시에 겸손해지기 위한 한 사람의 노력이 어떻게 오만함의 표출로 그려질 수 있는지도 예시한다. 케퍼닉과 그의 행동에 동참한 많은 풋볼 선수들은 [경기 전 장내에서 의식을 진행하던] 개별적인 응급구조요원이나 퇴역 군인에게 그 어떤 무례도 범할 생각이 없었다고 주장했다. 하지만 트럼프 대통령을 포함해서 비방과 비판에 나선 사람들은 그런 식으로 보지 않았다. 그들이 보기에 무릎을 꿇은 자들은 군 장병과 응급구조요원뿐만 아니라 국기를 모독한 것이었다. 케퍼닉을 지지하는 사람들의 입장에서 보면, 그는 인종주의와 백인의 오만함에 겸허한 방식으로 저항하고 있었다. 반면 그를 비판하는 사람들의 입장에서 보면, 그는 제복을 입은 사람들이 마땅히 누려야 할 존중보다 자신의 정치를 더 오만하게 앞세우고 있었다.

오랫동안 최소한 민주주의 내에서는 반대 의견에도 정

치적 가치가 있다는 생각이 지배적이었다. 그만큼 민주주의가 사상과 행동의 자유를 존중한다는 뜻이었다. 하지만 소크라테스에게 반대 의견은 또 다른 가치가 있었다. 반대 의견은 진리를 추구하는 과정에서 제기되는 것이었다. 소크라테스는 자신의 재판이 진행되는 동안 분명 아테네에서 많은 이들의 입에 오르내렸을 질문을 자신에게 던졌다. 어째서 나는 그냥 도망가서 침묵하며 조용히 살 수 없는 걸까? 그는 그렇게 하는 것은 가치 있는 삶의 중요한 특징을 단념하겠는 의미이기 때문이라고 대답했다. 소크라테스에게 반대 의견을 내놓지 않겠다는 결심은 더 이상 진리를 추구하지 않겠다는 선언이나 다름없었다.

이는 과장된 표현처럼 보이는 데가 있다. 나중에 아리스토텔레스가 은근히 암시했듯 소크라테스는 자신의 탐구와 삶을 다른 영역으로 가져갈 수도 있었다. 그럼에도 불구하고 소크라테스는 여기서 중요한 지적을 했다. 중대한 반대 의견은 정치적으로 중요한 진실을 추구하는 방법이라는 점을 말이다. 가령 그것은 어떤 정책에 결함이 있다고 생각하는 증거를 제기함으로써 합리적인 설득의 형태로 기능할 수 있다. 토머스 페인Thomas Paine에서부터 카를 마르크스에 이르기까지 그 많은 반체제 인사들이 소책자, 에세이, 편지, 책, 블로그 포스트를 이용해서 아직 설득할 만하다는 희망을 품고 있는 대상들을 향해 힘 있는 자들의 정책에 반대하는 주장을 펼치는 이유는 이 때문이다. 반대 의견의 실행을 통해 교육할 수 있다고 생각하는 것이다.

하지만 저항과 반대 의견은 누군가를 설득하지 않을 때도 교육할 수 있다. 버밍햄의 민권운동 시위대와 에이즈 위기 시기에 '시체 시위'를 벌인 액트업(Aids Coalition To Unleash Power, ACT UP) 시위대는 가장 완고한 적수의 마음을 바꾸는 게 목적이 아니었다. 그들은 문제의 인지도를 높이고, 외면하고 싶어 하는 대중들이 그 문제를 주목하게 만들고자 했다. 반대 의견은 힘 있는 사람의 지적 오만함을 부각시킬 수 있다. 특권을 가진 사람들에게 그들이 아무것도 모른다는 사실을 상기시킬 수 있다. 의혹의 씨앗을 뿌릴 수 있다. 반대 의견을 표출하는 행위는 앎을 확장하면서 동시에 그것을 추구하는 민주적인 방법의 모델을 제시할 수도 있다.

이 모든 것 때문에 케퍼닉과 그를 따라 움직인 사람들의 저항 행위는 고귀하면서도 슬픔을 자아낸다. 케퍼닉 자신은 애초에 국가가 울려 퍼지는 동안 앉아 있을 생각이었지만 보도에 따르면 어떤 퇴역 군인이 무릎을 꿇는 행위가 더 공손할 것이라고 그를 설득했다고 한다.[15] 마크 보이어 Mark Boyer라는 이 퇴역 군인은 나중에 한 인터뷰에서 이렇게 말했다. "우린 말하자면 그가 팀원들 옆에서 무릎을 꿇는 중간 지대 같은 데에 도달했던 거죠. … 군인들은 전사한 형제의 무덤 앞에서, 알잖아요? 존경을 표하기 위해 무릎을 꿇어요."[16] 겸손함과 존경의 상징으로 보편적으로 이해되는 이 무릎을 꿇는 행위가 이제는 많은 사람들에게 정반대로 받아들여지는 것은 아이러니가 아닐 수 없다.

최소한 그것은 단기적인 반응이다. 민권을 지지하는 누구나 동의하겠지만 반대 의견은 장기적인 경기를 해야 한다. 내가 여기서 하고 싶은 일반적인 이야기는 소크라테스의 태도, 지적 겸손함이라는 태도는 확신이나 비판적인 정치적 참여와 대립하는 게 아니라는 점이다. 지적 겸손함의 반대는 확신이 아니라 더 탐구할 필요가 없다는 생각, 자신의 확신이 안정되었다는 생각, 앞으로 어떤 일이 벌어지든 그 경계를 재협상할 일은 없을 것이라는 생각이다. 지적 겸손함의 정반대는 오만함이다.


철인왕과
이성의 공간


철학자 중에 우표에 얼굴이 들어가는 영예를 누리는 사람은 거의 없지만 존 듀이는 1968년에 이 영예를 누렸다. 반세기가 지난 지금도 여전히 듀이는 미국에서 가장 영향력 있는 사상가로 남아서 심리학, 정치 이론, 그리고 가장 유명하게는 교육학에 지대한 공헌을 했다. 하지만 철학계에서는 그의 명성이 희미해졌다. 버트런드 러셀의 경우처럼 철학계의 많은 사람들이 이제는 듀이가 있는 쪽으로 공손하게 고개를 끄덕이며 가끔 한 번씩 이런저런 인용문으로 예의를 차릴 뿐이다.

그렇게 놀라운 일은 아니다. 러셀과는 달리 듀이는 당대의 거물이었고, 거물은 유행을 타는 법이다. 하지만 듀이가 이 책의 주제에 대해, 특히 진실과 민주주의에 대해 오랫동안 열심히 생각했다는 점에서 이는 부끄러운 일이다. 듀이의 실용주의 관점에서 진실의 가치는 순금 같은 것이 아니다. 진실 그 자체는 인간의 이해관계라는 흙탕물에서 완전히 자유로울 수 없기 때문이다. 진실은 항상 인간의 얼굴을 하고 있고, 절대적인 확신이란 아무리 정치 영역에서 그 뒤를 쫓아도 우리가 가진 최악의 본능을 부추길 뿐인 신기루 같은 목표라고 듀이는 생각했다. 듀이는 "진실은 사회적인 이익 때문에 중요하다"라고 믿었다.[17]

듀이에게 중요한 생각 중 하나는 민주주의가 단순한 정부 형태 이상이라는 것이었다. 그것은 삶의 양식이며 "소통된 경험의 결합"이다.[18] 듀이와 아렌트 모두 민주주의는 일종의 공동 공간, 폭력이나 억압에 대한 두려움 없이 의견차를 탐험할 수 있는 공간이 되어야 한다고 믿었다. 민주주의는 이성의 공간이라고 말할 수 있을 것이다.[19]

나는 이런 민주주의의 개념은 본질적으로 사람에 대한 존중이라는 훨씬 기본적인 이상에 발판을 두고 있다고 주장했다.[20] 다시 한번 말하지만 민주주의 정치에서 핵심은 시민이 동료 시민을 자율적이고 똑같이 존중할 만한 가치 있는 존재로 바라본다는 것이다. 즉, 그들을 스스로 결정할 능력이 있는 존재로 바라보는 것이다. 그리고 우리는 동료 시민들이 이성을 근거로 이런 판단을 내릴 능력이 있다고 생각할 때 그들을 존중한다. 오늘날에는 비이성적인 힘이 판을 장악하는 상황이 비일비재하다는 걸 익히 알고 있더라도 말이다. 우리가 아무리 우리 '편'이라 해도 정치 광고의 속임수에 역겨움을 느끼는 것은 이 때문이다. 사람들이 우리에게 동의하게 만드는 것만 중요한 게 아니다. 동의에 이르는 과정 역시 중요하다. 5장에서 확인했듯 모든 사람이 나의 정치적 관점을 믿게 만드는 약을 상수원에 넣고 싶은 유혹을 느낄 수 있긴 해도, 이는 기본적인 존중과 인간의 존엄을 거스르는 것이기 때문에 잘못이다.

민주주의를 이성의 공간으로 보는 것은 민주주의 정치의 이상들이 진실 추구에 대한 전념을 요한다고 여기기 때문일 것이다. 하지만 그렇다고 해서 가령 인간의 안녕을 완전히 무시하는 방식(나치 과학자가 유대 수감자를 상대로 실험을 했을 때처럼)이 허용되는 것은 아니다. 특히 진실 추구에 중요성을 두는 민주적인 가치는 결사, 언론, 학문의 자유와 관련된 규범을 보장함으로써 민주주의가 진실의 추구를 촉진하고 조장하는 그 방식에 있다.[21] "다시 말해서 본질적으로 필요한 것은 논쟁, 토론, 설득의 방법과 조건의 개선"이라고 듀이는 지적했다. "그것이 일반 공중의 유일한 문제이다."[22]

나는 듀이가 이 지점에서 정확하게 옳다고 믿는다. 민주주의에 필요한 이성의 공간은 공동의 공적 담론이다. 듀이가 민주주의는 담론의 '조건'을 개선하는 방식을 탐구하는 제도를 장려해야 한다고 믿었던 것은 이 때문이다. 그리고 이로 인해 예술, 과학, 역사, 법, 언론과 같은 제도가 아주 중요해진다. 이런 제도는 이성을 제공함으로써 공식적인 이성의 공간을 구축한다. 명령이 아니라 증거와 탐구를 중시함으로써 진실을 추구한다. 민주주의는 공식적인 앎의 비축량을 증대한다는 희망을 품고 이런 제도를 장려한다. 듀이는 이런 제도의 진정한 민주적 가치는 앎을 열린 태도로 공공연하게 추구하는 데 있다고 보았고, 내가 주목하는 것도 이 지점이다. 이 제도들은 열려 있고, 투명하고, 신중한 탐구를 통해 진실을 추구함으로써 민주주의의 실천에 한몫한다.

이 부분은 오해하기 쉬울 수 있다. 플라톤은 민주주의에서 전형적인 시민은 신뢰할 수 없는 진리 추구자라고 생각했다.

그는 어떨 때는 플루트 음률에 귀를 기울이면서 과음을 한다. 어떨 때는 물만 마시면서 식이요법을 한다. 또 어떨 때는 신체를 단련하기도 하고, 어떨 때는 게으름을 부리면서 모든 걸 나 몰라라 한다.[23]

플라톤은 그렇기 때문에 통치가 철인왕에게 이양되어야 한다고 생각했고, 그로 인해 악명을 얻었다. 철인왕은 정치적인 지식을 획득하여 필요하면 그것을 다른 시민들에게 퍼뜨릴 수 있을 것이다. 플라톤은 그렇게 되면 시민들이 더 양질의 정보를 얻을 수 있게 되리라고 생각했다. 오늘날의 독재 정부들 역시 발언과 온라인 검색의 제한 조치를 옹호하면서 이와 유사한 주장을 펼친다. 그들은 이런 제한은 소위 잘못된 영향을 근절함으로써 시민들이 더 쉽게 진실에 접근할 수 있게 만든다고 우긴다.

이 주장은 두 가지 면에서 빗나갔다. 첫 번째, 철인왕의 미덕은 어쩔 수 없이 폭군의 악덕에 해당한다. 누구도 지적 오만함에서 자유롭지 못하고, 앎을 소수의 영역으로 만드는 모든 메커니즘은 바로 그 사실 때문에 필연적으로 중단될 수밖에 없다. 두 번째, 듀이의 논점은 개인에게 국한되지 않는다. 일반적으로 우리가 형편없는 탐구자라는 점에 대해서는 플라톤과 뜻을 같이 할 수 있다. 우리는 진실을 찾아가다가 별것 아닌 데에 정신이 팔려서 길을 잃는다. 하지만 이 사실은 듀이의 논점을 더 선명하게 만들 뿐이다. 이성의 공간, 진실의 탐구를 가능케 하는 담론의 공간은 뒤틀린 목재 같은 재료를 바로 펴는 방식으로 세워져야 한다. 즉, 개별 참가자의 편견을 바로 펴고자 하는 실천을 통해 구축되어야 한다. 쉽게 말해서 소크라테스가 우리 개별 시민은 지적 겸손함을 갖추고 진리를 추구해야 한다고 조언했듯, 민주주의는 비슷한 방식으로 진실의 추구를 장려하는 제도들(과학, 교육, 미디어)을 강화해야 한다.

하지만 그러려면 어떻게 해야 할까? 문제는 복잡하지만 답은 분명하다고 생각한다. 탐구를 주도하는 이런 기관들이 '성찰적 실천'을 활성화하도록 촉구해야 한다. 성찰적 실천은 우리가 사고하는 방식 그리고 특히 믿는 방식에 초점을 맞춘다.

성찰적 실천은 그다지 낯설지 않다. 의사이자 저술가인 아툴 가완디Atul Gawande는 자신의 책《체크! 체크리스트 *The Checklist Manifesto*》에서 의사들이 수술 전에 체크리스트를 사용하게 만든 투쟁에 대해 자세하게 설명한다.[24] 체크리스트는 가령 잘못된 사지를 절단하는 등과 같은 실수를 예방하기 위한 것이었다. 그런데 다소 놀랍게도, 의사들은 수년간 이 방침에 저항했다. 많은 의사들이 체크리스트를 따르는 것은 불필요하다고 주장했다. 자신들은 고도로 숙련된 전문가이고 완결된 체크리스트는 실제로는 그렇지 않음에도 아무런 문제가 없다는 잘못된 감각에 빠지게 할 수 있다는 이유에서였다. 이런 주장은 별로 설득력이 없는 것으로 확인되었다. 이후 일련의 연구에서 수집된 데이터는 체크리스트가 목숨을 구했음을 보여주었다. 그리고 수십 년간 다른 전문직들(가령 항공기 조종사)이 체크리스트를 사용해왔다는 사실 역시 별로 놀랍지 않았다.

이 사례는 지적 오만함이 어떻게 가장 똑똑하다는 사람들을 유혹할 수 있는지, 그리고 어떻게 그것을 물리칠 수 있는지를 보여준다. 체크리스트는 성찰적 실천이기 때문에 그것을 사용하면 오만함을 물리치는 데 유용하다. 체크리스트는 새로운 정보 습득에 도움을 주기 위해서가 아니라 내가 안다고 생각하는 것을 정말로 알고 있는지 확인하기 위한 것이다. 오른 다리를 절단할 것인가 왼 다리를 절단할 것인가? 여행에 필요한 연료는 충분한가? 이는 의사와 조종사에게 중요한 질문이고, 만일 그들이 훈련이 잘 되어 있고 유능하다면 당연히 체크리스트를 가지고 대답을 확인할 필요가 없다. 하지만 그게 중요한 게 아니다. 체크리스트의 핵심은 그런 질문에 대답을 하는 것이 아니라, 사람들이 자신의 대답을 확인하도록 거드는 것이다. 그리고 그 과정에서 또 다른 아주 중요한 역할을 한다. 즉 체크리스트는 우리 자신의 오류 가능성을 상기시키고 따라서 우리가 안다고 생각하는 것은 항상 실제로 아는 것이 아니라는 사실을 기억하도록 훈련시킴으로써 오만함을 물리친다.

이 두 사례에는 우리의 목적과 관련된 또 다른 측면이 있다. 비행기 조종사와 의사는 최소한 세 가지 중요한 측면에서 비슷하다. 이들의 직업은 고도의 집중력을 요구하고, 종종 스트레스가 많은 상황에서 빠른 결정을 내려야 하며, 실수의 대가는 일반적인 상황보다 훨씬 클 수 있다. 그러므로 두 전문직에 아주 유사한 유형의 사람들이 모여드는 것은 당연하다. 똑똑하고, 아무리 다급할 때도 냉정함을 잃지 않으며, 쉽게 넘겨짚지 않으려는 사람들. 이런 자질은 보통 그런 일을 하는 사람에게 바라는 것들이다. 사람들은 그들이 고도로 훈련되어 있고 자기 신뢰 수준이 높기를, 즉 망설이지 않기를 바란다.

하지만 이 자질들이 지적 오만함 역시 부추길 수 있음은 상상하기 어렵지 않다. 만일 당신이 빠르고 어려운 결정을 내리고 그것을 근거로 행동하는 데 유능하다는 말을 듣는 사람이라 해도, 자기 신뢰의 근거에 대해서는 혼란에 빠질 수 있다. 당신은 어쩌면 그저 나의 판단이므로 나는 옳다고 생각할 수도 있다. (조종사나 의사가 항상 오만하다는 말은 아니다.) 체크리스트는 우리가 사용하는 일반적인 체크리스트가 그렇듯 이런 경향을 막아줄 수 있다. 오류 가능성을 지속적으로 상기시키는 기능을 하기 때문이다.

가완디의 이야기 중에서 눈에 띄는 또 다른 부분은 체

크리스트가 한번 제도적으로 자리를 잡으면 이런 제도의 사회적 배경이 된다는 점이다. 제도의 사회적 배경이란 참여자들이 당연시하고 정상적인 기능의 일부로 여기는 일단의 규범과 실천을 말한다. 직업 차원에서 제도화되었을 때 체크리스트를 따르는 것은 이런 직업에 종사하는 사람들을 위한 사회적 배경의 일부에 해당하는 성찰적 실천이 된다. 이 때문에 체크리스트는 겸손함 또는 지적 겸손함의 한 측면을 독려할 수 있는 것이다. 그것은 관련된 개인들이 지적으로 오만하고 이상과는 거리가 먼 진리 추구자일 때마저 배경에서 계속 작동한다.

측정 가능하고 제도 안에 담을 수 있는 다른 성찰적 실천들 역시 이런 일을 할 수 있다. 성희롱과 암묵적인 편견에 대한 의식을 기르기 위한 교육은 성찰적인 실천이다. 이런 교육이 잘 되면 우리는 우리의 행동뿐만 아니라 마음의 습관, 가정, 즉 사고방식에도 집중하게 된다. 이는 우리에게 오류 가능성을 상기시키는 한편, 우리가 다른 사람들의 경험을 진지하게 여기도록 격려한다. 또 다른 사례는 언론의 팩트 체크 실천이다. 뉴스 매체는 우리에게 정보를 전달하는 데 그치지 않는다. 사회 전반에서 중요한 성찰의 기능도 수행한다. 언론은 그들 자신을, 그리고 권력을 가진 사람들의 발언을 검증하는 '감시견'이며, 이를 위해 팩트 체크를 하곤 한다. 마찬가지로 뉴스 매체는 우리에게 권력자의 오류 가능성을 상기시킴으로써 오만함에 맞서 싸울 수도 있다. 내가 앞서 주장했듯 평화로운 시위와 비판적인 반대 의견 역시 똑같은 역할을 할 수 있다. 이 모든 실천들은 우리가 이 세상에 접근하는 방식에 대해, 우리가 무의식적으로 하는 가정에 대해 더 의식하게 만들 수 있다.

결국 우리가 어떤 성찰적 실천을 사회적 배경의 일부로 삼을 것인가는 경험 수준에서 해결할 문제이다. 철학적인 차원에서 핵심은 성찰적 실천이 제도의 수준에서 지적 겸손함을 고무할 수 있고 또 이를 위해 사용된다는 점이다. 그리고 그것은 희망적인 생각이다.

민주주의는 분란을 해결하고 합의에 도달하기 위해 이성과 증거라는 공동의 통화를 유통시킬 필요가 있다. 막 거론했던 탐구의 제도, 즉 자유 언론, 과학, 예술, 교육 기관 등은 통화의 근원을 집합적으로 형성한다. 이런 제도의 목표는 우리에게 증거와 그것을 제대로 평가할 수 있는 수단을 제공하고 이로써 우리가 이성에 따라 행동할 수 있게 만드는 것이다. 이런 제도들은 사회적 배경에 성찰적 실천들을 더할 때 기본적으로 더 잘 기능하고 향상될 수 있다.

이런 제도와 실천이 없으면 민주주의는 약화될 수밖에 없기에 우리는 전 세계에서 독재자들이 이런 제도와 실천을 상대로 벌이는 공격에 큰 관심을 기울여야 한다. 이런 공격은 파벌적인 오만함을 막아줄 최고의 방패인 제도에 피해를 입힘으로써 파벌적인 오만함을 확산시키기 때문이다. 우리는 공동체 내에서 의견을 형성한다. 일이 잘 돌아갈 때는 서로를 전문 지식의 근원으로 신뢰하고, 그 과정을 돕도록 의도된 제도, 이를테면 미디어와 과학을 신뢰한다. 하지만 일단 우리가 파벌적으로 오만한 '노잇올'이 되기 시작하면 신뢰는 무너져 내린다. 파벌적으로 오만한 사람들은 증거를 가짜 뉴스라며 무시하고 그것을 지지하는 일체의 제도에 민중의 적이라는 딱지를 붙이기 때문이다.

슬프게도 반대의 상황도 가능하다. 전문가들이 오만하거나 또는 그렇다고 인식이 되면 자신들을 필요로 하는 사람들의 신뢰를 잃을 수 있다. 그렇기 때문에 과학자들이 기후변화 회의론자들을 무시하고 논쟁을 거부하거나 그들의 주장을 맹렬하게 공격하는 수고를 굳이 하지 않으려는 것은 실수일 수 있다. 나는 이 말을 하면서도, 적법하든 아니든 어떤 비판을 상대하여 신빙성을 부여할 경우 그 비판이 더 눈에 띄게 되어 더 많은 사람들이 그것을 진지하게 여기는 결과로 이어질 수 있음을 충분히 인지하고 있다. 하지만 비판을 억누르려고 하면 오히려 공적인 담론은 그것을 회생시킬 방법을 찾아낸다. 오만함의 이데올로기들은 바로 이런 식으로 합리적인 담론을 오염시키고, 그 결과 비판에 대응하든 대응하지 않든 간에 민주적인 태도와 이상을 약화시키는 결과가 빚어지게 된다.

내가 소크라테스와 듀이로부터 끌어낸 전반적인 주장은 이렇다. 소크라테스의 교훈은 진정성 있는 믿음에 대해 우리가 품을 수 있는 최고의 희망은 지적 겸손함을 갖추고 진실을 추구하라는 것이다. 이 태도는 자신의 한계를 인정하는 자세, 다른 사람들의 경험으로부터 기꺼이 배우려는 자세로 구성된다. 이는 이성의 공간이라는 민주주의의 이상이 요구하는 것이기도 하다. 그 이상은 진실의 추구를 대단히 중요한 민주적 선으로 여긴다. 이상은 지적으로 겸손한 탐구를 촉진하는 사회적 실천과 제도로 구현된다. 언론, 과학교육, 평화적인 반대 의견 등 이런 제도들이 파벌적인 오만함을 막을 수 있는 최고의 방패인 것은 이 때문이다. 따라서 이런 제도들은 파벌적인 오만함의 위협을 가장 많이 받는다.

어떤 사람들에게는 이 주장이 위태롭게 느껴질 것이다. 진실은 너무 붕 뜬 개념이고 손에 잡히지 않기 때문에 아무리 부분적으로라도 민주주의의 토대로 삼기는 어렵다고 생각할 수도 있다. 이제는 이런 회의론, 즉 진실 자체에 대한 회의론을 살펴볼 것이다.

우리가 알지
못하는 사실

2018년 대통령 대변인은 어떤 기묘한 순간에 행정부와 현
실 간의 적대적인 관계뿐만 아니라, 민주주의의 근간을 갉
아먹고 있는 '탈진실'의 본질을 포착하면서 "진실은 진실이
아니다"라고 말했다. 물론 엄밀하게 말해서 '탈진실' 같은
것은 없다. 정치인들이 뭐라고 말하든 진실은 진실이다. 하
지만 태도로서의 탈진실은 실재한다.

　　이 태도가 가능한 한 가지 단순한 이유는 우리가 무엇
이 진실인지를 파악하기 더 쉬우면서도 동시에 어렵게 만
드는 디지털 세상에 살고 있기 때문이다. 조심하지 않으면
우리는 객관성은 죽은 가치라는 생각에 빠질 수 있다. 모순
된 정보, 경쟁 관계의 정보원에 너무 익숙해지면 진실은 뭐
든 상관없다는 생각에 빠질 수 있는 것이다.

　　우리는 이미 진실에 대한 상대주의를 접한 적이 있다.
이는 최소한 고대 그리스 수사학자 프로타고라스Protagoras
에서 출발하는 오래된 개념으로, 프로타고라스는 "인간이
만물의 척도"이므로 객관적인 진리는 환상에 불과하다고
주장했다. 하지만 오늘날 우리의 정치 문화에서 작동하는
진실에 대한 냉소는 프로타고라스의 이론과는 크게 다르
다. 상대주의자라도 여전히 진실이 중요하다고 생각할 수

있다. 그저 상대적일 뿐이다. 이 입장은 진실의 중요함을 완전히 무시하는 것과는 다르다.

어떤 사람들에게 진실에 대한 회의론은 세련된 정치적 현실주의처럼 보일 수 있다. 진실에 대해 이야기하는 것은 패자의 몫이고 승자들은 대안적인 사실을 이야기한다. 진실과 확고한 믿음을 혼동하는 사람들에게는 이런 회의론이 다른 사람들이 당연시하는 것으로부터 우리를 자유롭게 풀어주는 것처럼 보일 수 있다. 하지만 그 어떤 태도도 특별히 강력하지는 않다. 진실은 승자와 패자를 고르지 않는다. 그저 대부분의 사람들이 무언가를 믿는다고 해서 그것이 그가 현명하다거나 정의롭다는 사실을 보장하지 못하듯 진실 역시 마찬가지이다.

'우리는 동의할 수 없다. 그러므로 진실은 상관없다'에서 파생된 추론은 오류일 뿐이다. 이 추론은 가장 단순한 형태로 확신의 어려움을 진실의 성립 불가능과 혼동한다. 무엇이 진실인지를 확실히 알기는 항상 어렵다. 어쩌면 우리는 매트릭스 안에서 살고 있는지 모른다. 우리 모두에게 잘못된 정보를 공급하는 어떤 칩이 뇌에 이식되어 있는지 모른다. 하지만 현실에서 우리는 몇 가지 사실에 동의한다. 총알은 사람의 목숨을 앗아가고, 두 팔을 아무리 퍼덕여봐도 날 수는 없다는 사실 같은 것 말이다.

그리고 몇 가지 사실에 대한 동의는 어쩌면 그것이 결

국 우리가 추구하는 동의임을 보여주는지도 모른다. 20세기 가장 유명하고 걸출한 철학자 중 한 명인 리처드 로티는 이런 식으로 표현하곤 했다.

> 내 주장의 기본 전제는 당신이 무언가를 일단 손에 넣더라도 그것을 인식하지 못하면 그것을 목표로 삼을 수도, 그것을 구하기 위해 노력할 수도 없다는 것이다. … 우리는 어떤 주어진 믿음이 진실인지 결코 확실히 알 수는 없을 것이다. 그러나 누구도 지금은 그에 대해 반론을 제기할 수 없고, 모두가 그 믿음을 지켜야 한다는 데 동의하고 있음을 확신할 수는 있다.[25]

요컨대 진실은 탐구의 목표가 될 수 없다. 우리가 진실에 도달했는지는 결코 알 수 없기 때문이다. 그리고 우리가 도달했는지 알 수 없는 목표는 목표라고 볼 수 없다. 하지만 우리는 어떤 신념에 대해 '모두가 동의'하는지는 알 수 있다. 그러므로 탐구의 적절한 목적은 진실이 아니라 '동의 또는 합의'이다. 정치 그리고 삶에서 우리가 진정으로 목표로 삼는 것은 바로 그것이다.

합의가 중요하다는 사실에 동의하면서 나는 행복 이상의 감정을 느낀다. 어쨌든 이 책을 쓰게 된 동력은 지적 오만함이 정치적 의견 차를 심화할 뿐이라는 우려였다. 하지만 그렇다고 해서 합의만이 중요하다는 의미는 아니다. 우리는 월요일에 합의했던 문제에 대해 화요일이 되면 합의하지 못할 수 있다. 그리고 우리가 어떤 전제에 합의한다는 사실이 그것이 진리임을 보증하지도 않는다. 합의는 우리가 진리에 더 가까워졌을지 모른다는 신호일 뿐이며, 이는 장담이 아닌 암시에 가깝다.

행복에 대한 오래된 철학적 문제가 있다. 아마 그리스 시대까지 거슬러 올라갈 것이다. 그것은 바로 우리가 행복을 추구할 때는 어쩔 수 없이 행복이 줄어들기 때문에 행복을 직접 추구할 수 없다는 사실이다. 그러니까 자신의 행복만을 위해 무언가를 할 때 (가령 친구를 만들거나 경력을 쌓는 등) 그 행복은 우리 손에서 빠져나갈 수밖에 없다. 존 스튜어트 밀John Stuart Mill은 자서전에서 이 문제를 훌륭하게 지적하면서 자신에게 행복한지 물어보면 그렇지 않다는 사실을 발견하게 될 것이라고 말한 바 있다. 해법은 행복을 간접적으로 좇는 것, 행복을 그 자체로 훌륭한 행위(가령 우정)의 부산물로 여기는 것이라고 볼 수 있다. 행복은 다른 것들을 추구하는 과정에서 간접적으로만 드러난다.

어떤 면에서 진실은 행복과 비슷하다. 우리는 그것을 직접 좇지 못한다. 당신의 신념이 진짜 진실인지 스스로 자문해보라. 그러면 데카르트와 몽테뉴가 모두 그랬듯 무언가를 믿는다는 것이 극도로 어려운 일임을 알게 될 것이다.

하지만 그렇다고 우리가 행복을 포기할 수 없듯 진실을 포기해야 하는 것은 아니다. 그저 그것을 간접적으로 추구해야 한다는 의미일 뿐이다.

다른 예로, 경제성장과 투자의 관계를 생각해보자. 각국은 자기 나라의 부가 증대하기를 원한다. 하지만 그러기 위해서는 견실한 정책에 투자해야 한다. 당장의 목표는 어떤 정책이 현명하고 건전한지를 알아내는 것이다. 그렇다고 해서 궁극적인 목적이 경제성장이 아니라는 의미가 아니다. 그저 어떤 것이 없으면 다른 하나에 도달할 수 없다는 의미일 뿐이다. 슬프게도 현명한 정책을 따르더라도 고전을 면치 못할 수 있긴 하지만 말이다.

이와 비슷하게 진실은 탐구의 궁극적인 목표지만 우리는 그것을 직접 좇지 않는다. 대신 믿을 만한 이유를 제시하는 근거를 따름으로써 진실을 간접적으로 좇는다. 하지만 간접적이든 아니든 우리가 추구하는 것의 핵심은 진실이다. 다른 사람들을 우리의 대의 아래 결집시키거나 우리의 의견에 우쭐한 마음을 갖게 만드는 것은 진실이 아니다. 이것과 우리가 진정으로 추구해야 하는 것을 구별해야 한다. 또한 진실은 증거를 추구하는 행위를 반대 의견을 제시하는 행위와 구분한다. 즉 오로지 당신에게 반대하는 사람을 침묵하게 하거나 동의의 의미로 고개를 끄덕이게 만들기 위한 목적에서 이루어지는 행위와 구분을 짓는 것이다.

이유는 그 자체로 중요하다. 하지만 어떤 믿음의 이유가 이유인 것은 그것이 그 자체의 목적을 위한 단순한 수단이 아니라 진실이라는 더 심오한 목표의 수단이기 때문이다. 그러므로 합의와 마찬가지로 이유를 제시하는 것은 마치 수단이 그 목표와 구별되듯 진실과 구별된다.

그래도 여전히 진실은 수수께끼와 역설로 가득한 개념처럼 보일 수 있다. 아니면 너무 '공허'해서 현실적인 쓸모는 전혀 없어 보일 수 있다. 빌라도Pontius Pilate의 수사적인 질문 "무엇이 진리인가?"는 그것이 실은 우리가 답할 수 있는 질문이 아니라는 많은 사람들의 암묵적인 관점을 대변한다. 그렇지 않다면 회의론자들은 어쨌든 뭔가를 알아낼 것이다. 진실에 대한 이런 식의 두 번째 회의론은 진실이 무언가에 대한 일종의 도 아니면 모 방식의 접근법으로 조장된다는 점이다. 진실은 설명 가능한 성격을 가지고 있거나 그게 아니라면 아무것도 아니다라고 말이다.

역사상 많은 철학자들이 라이프니츠Gottfried Leibniz처럼 우리는 "마음속에 있는 진술과 그것이 의미하는 것 사이의 대응 관계 속에서 진실을 찾는 데 만족"해야 한다고 가정했다.[26] 진실은 마음과 세상 간의 관계이고 이 관계는 일종의 대응 관계 또는 짝짓기이다. 이 세상이 '내 매트 위에 고양이가 있다' 또는 '풀은 녹색이다' 등과 같은 사실로 구성된다고 생각해보자. 이 생각이 진실이 되려면 어떤 독립적이고 객관적인 사실에 대응해야 한다. 그러므로 실제 매트 위에 진짜 고양이가 있을 때, 매트 위에 고양이가 있다는 말은 진실이 된다.

진실에 대한 이런 '대응 이론'은 고양이, 매트, 풀, 그 외 우리 환경에 있는 다른 중간 크기의 물리적 사물에 대한 명제를 다룰 때는 대단히 합리적인 관점이다. 문제는 니체 이후의 철학자들이 즐겨 지적했듯 수학적, 경제적 또는 도덕적 신념이 어떤 물리적 사실에 대응하는지를 알아내기는 그보다 어렵다는 데 있다. 하지만 '공짜 점심 같은 건 없다' '2+2 = 4' '성희롱은 도덕적으로 잘못된 행동이다'는 여전히 진실이다. 일부 철학자들은 진실의 대응 이론이 이런 믿음에는 적용될 수 없으므로 틀렸다고 생각했다. 하지만 대응 이론이 진실을 이해하는 유일한 방법이라고 생각하는 사람이라면 개념 전체가 혼란스럽다고 생각할 수 있다.

내가 보기에 그것은 목욕물과 함께 아기를 버리는 것과 다름없다. 우리의 각종 믿음이 진실일 수 있는 방법이 단 하나라고 생각할 필요는 없다. 도덕성에 대한 진실과 지식이 물리학의 경우와 동일해야 한다고 정해놓은 법도 없다.[27] 하지만 형이상학을 제외하면 진실이라는 개념, 그 기본 생각은 이해하기가 그렇게 어렵지 않다.

객관적인 진실 개념을 파악하기 위해서는 두 가지 지점만 이해하면 된다. 첫 번째, 믿음이 그것을 진실로 만들어주지는 않는다. 우리가 세상이 어떤 모습이었으면 좋겠다고 바란다고 해서 그것이 진실이 되는 것은 아니다. 그게 가능하다면 인생이 훨씬 쉬워지긴 하겠지만 말이다. 두 번째, 햄릿이 호레이쇼에게 했던 경고를 조금 바꿔서 표현하면, 천지간에는 당신이 파워포인트 발표물을 가지고 꿈꾸는 것보다 더 많은 것이 있다. 우리가 알지 못하는 사실은 항상 있을 것이다. 사소한 예로, 지금 이 순간 우주에 있는 별의 수가 홀수라는 진술을 생각해보자. 그것은 사실이거나 사실이 아니다. 그 수는 홀수이거나 짝수일 것이기 때문이다. 사실이라고 해도 우리는 절대 알 수 없다. 우주의 광막한 공간과 빛의 속도에 대한 물리학 법칙에 따르면 우리가 아무리 빛의 속도로 달리면서 눈으로 볼 수 있는 모든 별을 센다 해도, 그중 많은 것들이 우리가 숫자를 센 그 순간이면 이미 몇백만 년 전에 먼지로 변한 상태일 것이기 때문이다. 그리고 아주 오래전 과거, 우주의 아주 먼 곳들, 비범할 정도도 복잡한 숫자들에 대한 사실처럼, 많은 사실들이 이와 비슷하다. 누구도 그것을 제대로 파악할 수 없다.

모든 생각들을 종합하면 결론에 도달하게 된다. "무언가가 사실이라는 것이 그것을 믿는다는 의미는 아니다. 그리고 무언가를 믿는다는 것이 그것이 사실이라는 의미는 아니다." 이 두 지점을 이해하면 당신은 진실의 객관성에 대해 이야기하는 것이 어떤 의미인지를 이해하게 된다.

이는 지적 겸손함의 본질이기도 하다. 당신은 그 모든 것을 알지 못한다. 진실은 당신의 자존심과는 독립적이기 때문이다. 그리고 이는 진실과 겸손함 모두가 아주 중요한 이유이자, 둘 다에 도달하기가 아주 어려운 이유이기도 하다. 진실과 겸손함을 추구한다는 것은 새로운 증거와 새로운 경험을 진지하게 여길 준비가 항상 되어 있어야 하고, 자신의 확신에 안주해서는 안 된다는 의미이다. 단순한 합의가 아닌 진실을 탐구의 목표로 삼는 것은 지적인 겸손함에 속한다. 그리고 겸손함의 가치 중 일부는 그보다 선행하는 진실의 가치에 있다.

하지만 이 사실은 두 개념의 정치적 가치 역시 상기시킨다. 조지 오웰George Orwell의 《1984》에서 주인공 윈스턴 스미스는 2+2가 5라고 동의할 때까지 사상 경찰 오브라이언에게 고문당한다. 오브라이언은 스미스에게 당이 진실이라고 말하는 것 말고는 진실이 존재하지 않음을 인정하게 만드는 것이 중요하다고 설명한다. 오브라이언은 이 전제가 받아들여지면 반대 의견, 심지어는 비판적인 사고가 말 그대로 불가능해진다는 점을 알고 있다. 권력이 진실의 정의를 규정하면 당신은 권력 앞에서 진실을 말할 수 없다.

올바름으로 무장하고 있다고 확신하는 우리 안에 파벌적인 오만함이 확산되는 속도를 늦추는 것이 중요한 이유는 바로 이 때문이다. 우리가 진실과 겸손함을 포기하면 안

되는 이유도, 정보오염이나 양극화 때문에 진실과 겸손함을 포기해서는 안 되는 이유도 바로 이 때문이다. 우리가 무엇을 모르는지를 인정하고, 다른 사람들이 아는 것에 개방적인 태도를 유지할 때, 우리는 민주주의가 요구하는 동료 시민에 대한 기본적인 존중을 실천하는 것이다. 우리는 존중의 이상을, 사람들을 동등하게 대우하고, 사회 정의를 실현하며, 가치와 이성을 높이 평가하고, 오만함과 독단을 거부하는 사회에서 살아가는 이상을 결코 완전히 실현하지는 못할 수 있다. 하지만 이런 목표는 추구할 가치가 충분하고, 그것들이 위협받고 있을 때 포기한다는 것은 비뚤어진 행동이다. 그럴 때일수록 민주주의의 이상들이 그 어느 때보다 중요하다.

## 감사의 말

책을 쓰는 행위만큼 내가 아주 많은 것을 모른다는 깨달음을 주는 일은 거의 없다. 《우리는 맞고 너희는 틀렸다》를 쓰는 일도 예외가 아니었다. 나는 아주 많은 사람과 기관의 논평, 조언, 지원에 힘입었다.

이 책이 나오기까지 존템플턴재단의 관대한 지원금과 코네티컷대학교 그리고 코네티컷대학교의 다학제적 연구 및 참여 프로젝트인 '공적 삶에서 겸손함과 확신' 팀 전체의 지원이 있었다.

이 많은 생각들이 처음에는 콜레주드프랑스, 노르웨이과학문학아카데미, 암스테르담자유대학교, 옥스퍼드대학교, 코펜하겐대학교, 런던철학연구소, 에피스테메콘퍼런스, 마운트알로이시우스대학, 프랭클린앤드마셜대학, 카디프대학교, 조지타운대학교, 하버드대학교, 펜실베이니아대학교에서 발표되었다. 나는 각각의 청중들에게서 논평을 받는 큰 혜택을 누렸다. 1장의 일부는 2018년 에피스테메콘

퍼런스에서 '오만함, 진실 그리고 공적 담론'으로 발표한 내용에 기초한 것이다. 2장의 첫 부분은 테리사 앨런Teresa Allen과 공동으로 진행한 '우리는 합리적일 수 있을까?'를 위해 했던 연구에 기대고 있다.

지난 몇 년간 나는 테리사 앨런, 제이슨 베르Jason Baehr, 도널드 백스터Donald Baxter, 폴 블룸Paul Bloom, 폴 블룸필드Paul Bloomfield, 알렉시스 보이런Alexis Boylan, 파스칼 엥겔Pascal Engel, 마누엘라 파비아니Manuela Fabiani, 앵케 핑거Anke Finger, 브랜던 피텔슨Brandon Fitelson, 토머스 폴리Thomas Foley, 샌디 골드버그Sandy Goldberg, 매슈 과리글리아Matthew Guariglia, 해나 건Hanna Gunn, 케이시 리베카 존슨Casey Rebecca Johnson, 브렌던 케인Brendan Kane, 제이슨 카월Jason Kawall, 프랭크 케일Frank Keil, 네이선 켈런Nathan Kellen, 김준열Junyeol Kim, 제니퍼 랙키Jennifer Lackey, 트레이시 라네라Tracy Llanara, 데이나 미란다Dana Miranda, 덩컨 프리처드Duncan Pritchard, 네이선 셰프Nathan Sheff, 스티브 슬로먼Steve Sloman, 린 타이렐Lynne Tirell에게 상당히 많이 배웠다. 또한 콰심 카삼Quassim Cassam의 연구에도 감사의 말을 전하고 싶다. 비슷한 주제를 다룬 그의 책이 너무 늦게 나와서 이 책에서 다루지는 못했다.

테리사 앨런, 제임스 비비James Beebe, 제이슨 카월, 토비 나폴레타노Toby Napoletano는 몇 개 장의 아주 초창기 원고를 읽고 피드백을 해주었다. 테리 베르틀로Terry Berthelot, 폴 블룸필드, 미키 매켈리아Micki McElya는 이후에 나온 원고에 대해 아주 큰 도움을 주었다. 헤더 배틀리Heather Battaly와 알레산드라 타네시니는 미덕과 태도에 대해 많이 가르쳐주었다. (그들은 내가 충분히 배웠다고 생각하지 않을 수도 있지만.) 나의 글쓰기 멘토 패티 린치Patty Lynch와 켄트 스티븐스Kent Stephens, 내 에이전트 피터 맷슨Peter Matson, 훌륭한 교열 담당자 스테퍼니 히버트Stephanie Hiebert, 그리고 나를 나 자신에게서 구해준 편집자 로버트 바일Robert Weil은 특히 큰 도움을 주었다.

늘 그렇듯 나의 마지막 감사는, 인생과 배움이 투지의 행위일 뿐만 아니라 즐거움의 행위여야 함을 가르쳐준 테리Terry와 캐슬린Kathleen에게 보낸다.

# 주석

## 서문

1. Plato 1992, 352d.
2. 특히 다음을 보라. Pew Research Center 2016, Pew Research Center 2017.
3. Camus 1956, 239~40.
4. Arendt 2006, 252.
5. 이 책에서 '파벌'이라는 단어는 공통된 정치적 확신을 공유하는 시민 집단을 일컫는 데 사용된다.
6. Russell 1935, 11.

## 1장

1. Montaigne 2003, 557, 543.
2. 필리프 디산Philippe Desan이 2017년 출간한 포괄적인 몽테뉴 전기는 이 부분을 포함하여 몽테뉴의 철학과 정치적 삶의 관계를 강조한다. Desan 2017을 보라.
3. Montaigne 2003, 495.
4. Montaigne 2003, 693.
5. Montaigne 2003, 557.
6. Dunning 2011을 보라.
7. Rozenblit and Keil 2002를 보라. 특히 지식의 심리학에 대한 프랭크 케일의 연구는 획기적이었다.
8. 이와 관련이 있으며 중요한 결과들은 스티븐 슬로먼Steven Sloman과 그

의 동료 필립 페른바흐Philip Fernbach(Sloman and Fernbach 2017)에게 얻을 수 있다. 이들의 연구 결과는 공동체 안에서 어떤 주제에 대한 지식이 있거나 우리가 그런 지식이 있다고 생각하기만 해도 우리는 종종 머릿속에 든 것과 그렇지 않은 것의 경계를 흐리곤 한다는 사실을 보여준다. 우리가 개인으로서 얼마나 많이 아는지를 과대평가하는 이유는 개별 지식과 상식이라고 믿는 것을 혼동하기 때문이다. 우리는 모든 상식이 머릿속에 들어 있다고 생각해버린다. 누군가가 지퍼의 작동법을 알고 있으면, 우리도 알고 있음에 틀림없다고 보는 것이다. Keil et al. 2008도 보라.

9. Montaigne 2003, 674.

10. 오늘날의 많은 인지과학자들도 이에 동의한다. 요즈음은 이런 시스템들을 경제학자 대니얼 카너먼Daniel Kahneman을 따라 '시스템 1'과 '시스템 2'로 부르는 경우가 많지만, 과거에 쓰던 용어인 '직관'과 '성찰'은 이보다 더 설명력이 있다. Kornblith 2012는 개인의 성찰에 대한 믿음이 종종 과장될 때가 있다고 주장한다. 옳은 말이지만, 뒤에서 제기할 나의 주장처럼 그럼에도 성찰적인 사회적 실천은 쓸모가 있다.

11. Kahneman 2011을 보라.

12. 판단을 할 때 이런 식으로 지름길을 택하는 경향은 아주 어린 나이에 시작된다. 신생아는 새로운 사물(가령 새로운 공)을 자신이 경험한 적 있는 사물(익숙한 공)과 비교하고 대조하며, 이를 근거로 새로운 사물을 추정한다. Baldwin et al. 1993을 보라. 관련 논의는 Leslie 2017을 보라.

13. Hume 1999, 101.

14. Banaji 2002, esp. 151~52를 보라.

15. 이 세 지점에 대한 논의는 Gendler 2011, 39~40를 보라.

16. Gendler 2011, 38~41를 보라.

17. 여기서 '우리'라는 표현을 의도적으로 사용한다. 애석하게도 우리가 사람들을 범주화하는 방식에 영향을 미치고 그것을 오염시키는 고정관념은 셀 수 없이 많다. 다른 유사한 사례를 생각해내기는 어렵지 않으며 그 자료는 우리가 범주화하는 그 집단에 속하든 속하지 않든, 그 영향에서 자유롭기 힘들다는 점을 보여준다.

18. 한 연구에서 피험자들은 인종에 관계없이, 백인이 장전했을 때보다 비백인이 장전했을 때 총을 더 빨리 알아보았고, 총이 아닌 물건을 총으

로 오인하는 경우도 더 많았다. 이 결과에 대한 일반적인 설명은 피험자들이 백인보다 흑인을 위험과 연관 짓는 경향이 더 강하다는 것이다. Payne 2001, 187을 보라. 태도와 자기 제시 전략에 대한 더 자세한 내용은 Dunton and Fazio 1997, Fazio et al. 1995, Greenwald et al. 1998을 보라.

19. 이 현상에 대한 연구는 차고 넘친다. G. L. Cohen 2003, Dana and Loewenstein 2003, Dovidio and Gaertner 1991 and 2004, Epley and Dunning 2000, Heath 1999, Miller and Ratner 1998, Pronin et al. 2007, Robinson et al. 1995, Uhlmann and Cohen 2007, Vivian and Berkowitz 1992을 보라.

20. Hume (1888) 1978, 597.

21. Ricks 2006, 99.

22. 이 주장을 처음으로 제기한 사람은 알레산드라 타네시니Alessandra Tanesini이다(Tanesini 2016a). 지금의 설명은 타네시니의 획기적인 연구에 분명하게 신세를 졌다. Gordon 2016, 6의 "의견이 진실과 증거를 지배하는 것은 현실을 거스르려는 사람이 일으킨 일종의 반란"이라는 의견과도 비교해보라.

23. 이 글의 앞부분에서 강조했듯 여기서 지적 오만함은 성격이 아니다. 인식론적으로 사람을 오만하게 만드는 성격이 있을 가능성을 완전히 배제할 수는 없지만 말이다. 성격은 한 사람의 안정된 기질적 특성이다. 기질적이라는 것은 어떤 사람이 밖으로 그것을 드러내지 않더라도 그 성격을 가질 수 있다는 의미이고, 안정되었다는 것은 월요일에는 어떤 성격이었는데 화요일에는 그 성격이 사라진다거나 하는 일은 없다는 의미이다. 인간의 성격은 말하자면 심리적 구조물의 일부이다. 태도 역시 기질적일 수 있다. 사람은 그것이 항상 의식적인 관심으로 이어지지 않더라도 무언가에 대해 경멸적인 태도를 취할 수 있다. 경멸은 내포적일 수 있다. 하지만 성격과 달리 태도는 시간의 변화 속에서 안정적일 필요는 없다.

24. Montaigne 2003, 484.


**2장**

1. 구글을 통한 앎에 대한 더 많은 내용은 Gunn and Lynch 2019과 Lynch 2016을 보라.

2. Fisher et al. 2015을 보라.

3. Fisher et al. 2015, 675.

4. Goldman 2016을 보라.

5. Stanley 2015를 보라.

6. 이 글을 쓰는 동안 페이스북은 선거 개입을 목적으로 개설된 가짜 계정 합동 네트워크를 적발했다. 이 숫자들은 정보오염에 기여하는 소셜미디어의 힘을 보여준다. 사기에는 겨우 30페이지와 계정들이 사용되었지만, 이걸 팔로우한 사람은 30만 명에 가까웠다. Fandos and Roose 2018.

7. 나는 이 추론의 신뢰성이 관련된 사회적 관습과 제도의 인식론적 건강함에 좌우된다는 샌디 골드버그Sandy Goldberg의 중요한 주장을 보여준다고 생각한다. S. Goldberg 2016, 154ff.

8. 닫힌 마음에 대한 대단히 통찰력 있는 논의는 Battaly 2018b를 보라.

9. Kidd 2018과 비교하라.

10. Farhi 2016를 보라.

11. 온라인에서 내용을 공유하는 것은 '구부러진 증언'의 한 형태라고 주장한 리자이나 리니Regina Rini와 비교해보라(Rini 2017). 이 책에서 나는 뉴스를 공유하는 우리의 행동이 증언 행위에 해당할 수 있다는 데 동의하면서도, 루스 밀리컨Ruth Millikan의 중요한 연구에서 영향을 받아 증언은 이런 행위의 주요 기능이 아니라고 주장할 것이다.

12. Gabielkov et al. 2016.

13. 어쩌면 상황은 이보다 훨씬 심할 수 있다. 페이스북의 고위 대표자가 페이스북의 자체 데이터에 따르면 문제는 사실 더 심각하다고 인정하는 말을 (비공개를 전제로) 들은 적이 있기 때문이다. 이 플랫폼에 공유된 뉴스 중에서 그것을 공유한 사람도 클릭하지 않은 경우가 무려 90퍼센트에 달할 수도 있다고 한다.

14. C. Dewey 2016을 보라.

15. Brady et al. 2017.

16. Crockett 2018. Crockett 2017도 보라.

17. 여기서 나는 '주장assertion'을 '사실 또는 묘사된 어떤 것에 대한 주장'으로, '동의endorsement'를 '이 출처를 신뢰해야 해'라는 말처럼 규범적인 추천 (어떤 의미론을 따르냐에 따라 주장이 될 수도 있다)의 행위로 사용한다.

18. 나는 특히 표현주의에 대한 도리트 바온Dorit Bar-On의 생각에 영향을

받았다.(Bar-On and Chrisman 2009). 표현주의를 잘 설명한 중요한 문헌으로는 Blackburn 1998, Chrisman 2008, Ridge 2014, Schroeder 2008을 보라. 내가 지지하는 견해는 소위 이중 측면 설명과 유사한데, 이 설명에 따르면 소통 행위에는 그 내용을 기술하는 측면과 감정을 표현하는 측면이 모두 있을 수 있다.

19. 철학자 캐런 프로스트아널드Karen Frost-Arnold가 곧 발표될 원고에서 밝히고 있듯(Frost-Arnold 2018), 이는 다시 '객관성이라는 사회적 실천들'을 잠식할 수 있다. 이 문제에 대해서는 뒷장에서 다시 다룰 것이다.

## 3장

1.  Wittgenstein 1969, sec. 94.

2.  Wittgenstein 1969, sec. 204.

3.  Emerson 2000, 264. 도널드 트럼프의 트위터 계정 @realDonaldTrump가 이 인용구를 2014년 4월 10일에 트윗했다.

4.  "확신은 신조의 원천"이라는 표현은 Walzer 2006, 114에서 빌려왔다.

5.  정치적 동기부여에서 확신의 역할에 대한 연구는 Skitka et al. 2005을 보라.

6.  우리의 도덕적 삶과 정치적 삶에서 확신이 중요한데도 철학의 역사에서 이 주제에 대한 직접적인 관심은 놀라우리만치 거의 없었다. 아무래도 철학자가 공공연하게 준전문적 회의론자다 보니 전념이라는 주제를 꺼리는 경우가 많기 때문이 아닌가 싶다. 이 책에서 언급한 일부 사례와는 별도로, 상대적으로 최근의 연구로는 Skitka et al. 2005, Pianalto 2011, Williams 1985에 실린 몇 가지 예리한 발언들이 있다.

7.  마음을 쏟음caring에 대한 이런 개념은 Frankfurt 1988에서 왔다.

8.  Williams 1985, 169을 보라.

9.  확신에는 이런 종류의 전념이 필요하다는 사실은 우리가 확신에 논리적으로 수반되는 모든 명제에 전념하지는 않는다는 의미이다.

10.  이 부분을 포함하여 많은 곳에서 제임스 비브James Beebe에게 큰 도움을 받았다.

11.  Flanagan 1996, 67. Dennett 2014도 보라.

12.  MacIntyre 2013, 219.

13. 이런 문화적 서사들의 이원론적인 방식이 우리 인간이 몸담고 있는 교차하는 정체성들의 완전한 범위를 포착하고 있다고 생각하지는 않는다. 다만 지배적인 문화적 서사가 이런 이원론을 숨 막히게 강화하는 경향이 있음을 드러내고자 했다.

14. 철학자 버나드 윌리엄스Bernard Williams가 한때 재치 있게 지적했듯 사람들은 자신이 멘사 회원이라는 사실이 정체성과 별 관련이 없더라도 그것을 대단히 중요하게 평가할 수 있다. 그리고 멘사 회원이라는 사실이 그 사람의 정체성이 될 경우 우리는 그를 별로 탐탁지 않게 생각할 것이다. Williams 1985, 169~70를 보라.

15. Hochschild 2018, 135.

16. Wittgenstein 1969, sec. 613.

17. Skitka et al. 2005.

18. Nietzsche 2005, 55.

19. Dunlap and McCright 2008, McCright and Dunlap 2011을 보라. Jost 2015에 있는 논의도 보라.

20. Lynch 2012b.

21. Kahan 2013, Kahan et al. 2007 and 2012을 보라.

22. Greene 2014, 94.

23. Kahan 2013, Kahan et al. 2012을 보라.

24. Menand 2001~2을 보라.


**4장**

1. Arendt 1966, 304.

2. Arendt 1966, 348.

3. Snyder 2015를 보라.

4. Arendt 1966, 360. 사실 나치 친위대는 나치의 선동에서 '국가'라는 단어를 지우려고까지 했다.

5. Arendt 1966, 324.

6. Arendt 1966, 324.

7. Arendt 1966, 348.

8. Arendt 1966, 349.

9. Arendt 1966, 350.

10. Strang 2017, 5.

11. Strang 2017, 5.

12. Strang 2017, xiv.

13. Strang 2017, 174.

14. Strang 2017, 175.

15. Hochschild 2018, 228.

16. Strang 2017, 174.

17. Frank 2016.

18. 대부분의 보도에서 힐러리 클린턴이 "개탄스러운 자들"이라는 용어를 사용한 맥락이 제거되었다는 점은 흥미롭다. 뉴욕에서 열린 LGBT 모금 행사에서 나온 이 말은 많은 트럼프 지지자에게는 합당한 경제적 불만이 있다는 주장을 길게 늘어놓는 과정에서 나온 말이었다. 아이러니하게도 전체 녹취록(Reily 2016)의 맥락에서 이 말은 내가 문화적이면서 동시에 경제적인 설명이라고 부르는 것을 인정하는 분명한 시도로 볼 수 있다.

19. Mutz 2018를 보라.

20. 많은 자유주의자가 자신의 인종주의에 대해 스스로 기만하듯, 일부 보수주의자도 이 지점에 대해 당연히 스스로를 기만한다. 미국에서 사람들에게 "당신은 인종주의자인가요?" 하고 묻기만 해서는 인종주의적 태도에 대해 절대 많은 것을 배우지 못한다. 그런 방식으로는 인종주의의 근원을 규명하지 못한다.

21. Mutz 2018, 3.

22. Mutz 2018, 7.

23. Arendt 1966, 227.

24. Sharockman 2017을 보라.

25. 첫 번째 인용문은 Reeve 2017, 두 번째 인용문은 Beavers 2017을 보라.

26. Medina 2012를 보라. 무시에 대한 연구를 위한 기본적인 텍스트는 Mills 1997이다. Polhaus 2012, Gordon 1995 and 2000도 보라.

27. Stanley 2018, 21~22.

28. 케이트 맨Kate Manne은 여성 혐오와 성차별주의의 핵심에 도덕적 망상이 있다고 강조한다. Manne 2018, 157~58을 보라.

29. Gordon 2000.

30. 나쁜 신념과의 비교는 이 개념을 인종주의에 적용한 철학자 루이스 고든 Lewis Gordon의 중요한 설명 때문이다. "나쁜 신념에 빠진 사람은 자신이 선호하는 증거는 무비판적으로 대하고 자신에게 만족스럽지 못한 증거는 비판적으로 대하는 태도를 갖는다. … 흑인과 인디언이 야만인이라는 말을 듣는 것과 그것을 주어진 진실로 받아들이는 것은 별개의 문제다. 숱한 대안적인 해석에 비췄을 때 그들이 높은 인간의 성취로 간주할 만한 업적을 이루지 못할 것이라는 사실을 꾸준히 받아들이다 보면 … 그 받아들임은 완전한 거부라는 형태를 취하게 된다."(Gordon 2000, 4). 이 관점에 대한 완전한 설명은 Gordon 1995를 보라.

31. Arendt 1966, 382.

32. 이런 전념은 물론 인식론적으로 오만한 사람이 진실이라고 믿는 것을 반영할 수도 있다. 그 사람은 그것이 개선 불가능하다고 실제로 믿기 때문에 자신의 인식 상태(또는 그것의 일부 측면)의 개선 불가능성에 전념할 수 있다. 반대로 그러지 않을 수도 있다. 이런 경우 그 사람이 그렇게 하지 않는 이유와 함께 나타나는 전념은 자신이 비판에 취약하다는 암시적일 수 있는 깨달음 때문일 수 있다. 이럴 때는 자신의 관점이 의심의 여지가 없다고 믿지는 않지만 그래도 여전히 자기 방어 또는 불안 때문에 모든 걸 다 안다는 태도를 취한다.

33. 이런 망상에 사로잡힌 사람들은 훨씬 극단에 치달았을 때는 p인 경우 그들이 p라고 믿는다는 생각에 입각해서 행동에 들어갈 수도 있다. 만일 그렇다면(다시 고전적 부정법 가정) 본문에서 언급된 원칙까지 더했을 때('만일 그가 p를 믿으면 p인 것이다'), 그들이 p인 경우 그리고 p인 경우에만 p라고 믿는다는 정말 괴상한 관점이 될 것이다.

34. Battaly 2018a and 2018b를 보라.

**5장**

1. Meckler 2018를 보라.

2. J. Goldberg 2018, 211.

3. Lilla 2017, 10.

4. 선언문은 이 공동체의 웹사이트에서 찾을 수 있다. Combahee River

Collective, "Combahee River Collective Statement," 2019년 1월 19일 접속, https://combaheerivercollective.weebly.com/the-combahee-river-collective-statement.html

5. Lilla 2017, 85.

6. J. Goldberg 2018, 217.

7. Schmitt 2008, 29.

8. "Combahee River Collective Statement." 마이칼 덴절 스미스Mychal Denzel Smith는 Smith 2017에서 이와 동일한 주장을 펼친다.

9. 이 주장은 베르타 테일러Verta Taylor의 주장에 분명하게 빚을 지고 있다. Taylor 1994, 30~35쪽을 보라. 특히 자아 정체성의 형성에 대한 나의 설명은 인간에 대한 테일러의 개념이 본질적으로 대화적이라는 데 동의한다. 하지만 나는 테일러가 존중과 인정의 관계에 대해 다소 양면적이라고 느꼈는데 나는 본문에서 둘의 긴밀한 상호관계를 주장한다.

10. 정체성의 정치를 비판하는 모든 사람들이 두 가지를 혼동하는 것은 아니다. 실제로 Lukianoff and Haidt 2018은 정체성의 정치에 대한 "공통의 인류" 대 "공통의 적" 접근법을 구분한다.

11. Fraser 2000.

12. 예를 들어 다음을 보라. Alcoff 2007.

13. 예를 들어 다음을 보라. Harding 1991 and 1993. 알레산드라 타네시니는 이 주제를 탁월하게 개괄한 명석한 책을 썼다. *Introduction to Feminist Epistemologies*(1999).

14. 다음을 보라. Paul 2014.

15. 다음을 보라. Haslanger 2014.

16. Rorty 1979.

17. Harding 1993, 61.

18. "Liberal Arrogance," Conservapedia, 2019년 1월 19일 접속, https://www.conservapedia.com/Liberal_arrogance

19. Grim 2016.

20. Rensin 2016.

21. Oakeshott 1991, 6.

22. 이런 의미에서 내가 몇 년 전 냈던 책의 제목을 《이성들 예찬*In Praise of*

*Reasons*》라고 했으면 더 좋았을 것이다. 실제 제목은《이성 예찬*In Praise of Reason*》이다.

23. Fingerhut 2017.

24. 예를 들어서 다음을 보라. Jaschik 2016 and 2017.

25. 한 연구 기관의 책임자로서 나는 이 관점이 정확하지 않다는 것을 안다. 인문학과 사회과학 분야의 교수들은 아직도 자신의 대학원 지도 교수들이 다루던 것과 같은 종류의 시대, 주제, 사안을 다루고 있다. 형이상학도 그렇지만 초기 근대사는 아직도 큰 분야다. 그래서 인문학 현장은 자유주의자들이 가득하긴 해도 인종이나 젠더 주제를 다루는 사람들에게 '지배' 당하지 않는다.

26. 다음을 보라. Pew Research Center 2009.

27. P. Cohen 2008.

28. 내가 보기에 해법은 교수진 내에서 더 많은 '관점의 다양성'을 요구하는 것처럼 단순하지도, 보수적인 학자를 고용하기 위한 차별 철폐 정책을 요구하는 것처럼 과감하지도 않을 것이다. 후자의 차별 철폐 정책은 자유주의 성향의 학자들에게 경종을 울릴 수는 있겠지만 진지하게 여길 필요가 전혀 없다. 왜냐하면 (1) 그 제안이 합헌일지 분명하지 않고 (2) 아이러니하게도 어떤 동료가 '보수적'인지 아닌지를 판단하는 것은 전체적으로 자유주의 성향이 강한 교수들의 몫이므로 이런 제안의 실효성이 대단히 낮으며 (3) 어쨌든 보수주의자들은 대체로 이런 안에 반대하기 때문이다.

29. 이 단락의 요지는 다음에서 가져왔다. Robin Dillon 2003 and 2015과 Stephen Darwall 2006 and 2013.

30. 이 내용은 로버트 탈리스Robert Talisse의 곧 출간될 책에 잘 나와 있다. 민주주의와 의견 차에 대한 그의 관점은 다음을 보라. Talisse 2009.

31. 철학자 마칼레스터 벨Macalester Bell이 '적절한 경멸'을 다룬 것과 비교해 보라(Bell 2013). 나는 어느 정도의 경멸은 일부 사례에서 도덕적으로 적절할 수 있음을 부정하지 않는다. 나의 핵심은 경멸에는 항상 민주적인 정치적 가치가 결여되어 있다는 것이다.

**6장**

1. Plato 1928b, 486.

2. Plato 1928a, 64.

3. Te-Tao Ching, sec. 71. 가령 다음을 보라. Hendricks 2010.

4. 이 의견은 Whitcomb et al. 2015의 핵심 주장이다.

5. 이런 것들을 추구하는 과정에서 대화는 일종의 신뢰를 쌓을 수 있고, 이 신뢰는 이후 토론의 효과를 향상시킬 수 있다. 숱한 비영리조직은 전국에 있는 학교, 공동체, 기업에 이런 기법들을 가르침으로써 이들이 때로는 불화를 초래하는 사안을 놓고 건설적인 소통을 할 수 있도록 돕는다. 이들이 사용하는 모델의 세부 사항은 서로 다르지만, 사람들이 아무리 차이가 있더라도 적극적으로 귀를 기울이고 공감하도록 훈련시키는 경우가 많다. 관련 자료의 목록을 얻고 싶다면 우리 연구 프로젝트를 확인하라. UConn: Humility and Conviction in Public Life, https://humilityandconviction.uconn.edu 또한 이런 조직들을 살펴보라. 모두 2019년 1월 19일 접속. Essential Partners, https://whatisessential.org/workshop/power-dialogue-constructive-conversations-divisive-issues; the Sustained Dialogue Institute, https://sustaineddialogue.org; the National Institute for Civil Discourse, https://nicd.arizona.edu

6. 이 지점에 대해서는 Davidson 2005의 영향을 받았다.

7. 게다가 개념 자체는 하나의 정답만을 요구하지 않는다. 많은 것들을 틀렸다고 배제하긴 하겠지만 말이다. Lynch 1998를 보라.

8. 비트겐슈타인의 관점을 정치 이론에 적용하여 더 진전시킨 논의로는 Pitkin 1972를 보라.

9. Saslow 2016.

10. Black 2016.

11. 트레이시 라네라는 내게 이런 복잡함 중 몇 가지를 지적해주었다.

12. '지적 겸손함'은 철학과 심리학 분야에서 그 의미와 대상에 대한 협상이 진행 중인 전문용어이다. 다른 많은 전문용어들처럼 그것은 일상 언어로는 불완전하게 표현되는 갖가지 현상을 더 완벽하게 짚어내고자 하는 희망에서 도입되었다. 나는 이런 논의를 평가하기보다는 관련 용어들의 외연이 서로 어디에서 중첩되는지를 보여주고자 했다. 다음을 보라. Christen et al. 2014, Church 2016, Hazlett 2012, Johnson 2017, Kidd 2016, Leary et al. 2017, Meagher et al. 2015, Spiegel 2012, Tanesini 2016b,

Whitcomb et al. 2015.

13  J. Dewey 1986, 136.

14. J. Dewey 1986, 136.

15. Brinson 2016.

16. Brinson 2016.

17. J. Dewey 1998, 105.

18. J. Dewey 2012, 101.

19. 이 표현은 듀이의 것이 아니다. '이성의 공간' 개념은 20세기 중반의 또 다른 미국 철학자인 윌프리드 셀러스에게서 가져왔다. 본문에서 포용하는 민주주의에 대한 관점은 존 롤스와 위르겐 하버마스에게 많이 기대고 있다.

20. Lynch 2012a.

21. 다음을 보라. Lynch 2018.

22. J. Dewey (1927) 2016, 224. 내가 본문에서 진전시킨 듀이의 이 주장은 Lee McIntyre 2019의 주장과 일맥상통한다.

23. Plato 1992, 232, sec. 561 d.

24. Gawande 2010.

25. Rorty 2000, 2.

26. Leibniz 1996, 397~98.

27. Lynch 2009.

# 참고 문헌

Alcoff, Linda Martin. 2007. "Fraser on Redistribution, Recognition, and Identity." *European Journal of Political Theory* 6 (3): 255~65.

Arendt, Hannah. 1966. *The Origins of Totalitarianism*. New York: Harcourt.

Arendt, Hannah. 2006. *Between Past and Future: Eight Excercises in Political Thought*. New York: Penguin.

Baldwin, Dare A., Ellen M. Markman, and Rikkaa L. Melartin. 1993. "Infants' Ability to Draw Inferences about Nonobvious Object Properties: Evidence from Exploratory Play." *Child Development* 64 (3): 711~28.

Banaji, Mahzarin R. 2002. "Social Psychology of Stereotypes." In *International Encyclopedia of the Social and Behavioral Sciences*, edited by Neil J. Smelser and Paul B. Baltes, 15100~104. New York: Pergamon.

Bar-On, D., and M. Chrisman. 2009. "Ethical Neo-expressivism." In *Oxford Studies in Metaethics*, vol. 4, edited by Russ Shafer-Landau, 132~65. Oxford: Oxford University Press.

Battaly, Heather. 2018a. "Can Closed- Mindedness Be an Intellectual Vice?" *Royal Institute of Philosophy Supplement* 84: 23~45.

—————. 2018b. "Closed-Mindedness and Dogmatism." *Episteme* 15(special issue 3): 261~82.

Beavers, Olivia. 2017. "GOP Lawmaker Spars with CNN Reporter over Charlottesville Conspiracy Theories." *Hill*, October 26, 2017.

Bell, Macalester. 2013. *Hard Feelings: The Moral Psychology of Contempt* (Oxford:

Oxford University Press).

Black, Derek. 2016. "Why I Left White Nationalism." *New York Times*, November 26, 2016.

Blackburn, Simon. 1998. *Ruling Passions: A Theory of Practical Reasoning*. Oxford: Clarendon Press.

Brady, William J., Julian A. Wills, John T. Jost, Joshua A. Tucker, and Jay J. Van Bavel. 2017. "Emotion Shapes the Diffusion of Moralized Content in Social Networks." *Proceedings of the National Academy of Sciences of the USA* 114 (28): 7313~18.

Brinson, Will. 2016. "Here's How Nate Boyer Got Colin Kaepernick to Go from Sitting to Kneeling." *CBS Sports*, September 27, 2016.

Camus, Albert. 1956. *The Rebel*. Translated by Anthony Bower. New York: Random House.

Chrisman, Matthew. 2008. "Expressivism, Inferentialism, and Saving the Debate." *Philosophy and Phenomenological Research* 77 (2): 334~58.

Christen, Markus, Mark Alfano, and Brian Robinson. 2014. "The Semantic Neighborhood of Intellectual Humility." In *Proceedings of the European Conference on Social Intelligence* (ECSI- 2014), *Barcelona, Spain, November 3-5, 2014*, edited by Andreas Herzig and Emiliano Lorini, 40~49. CEUR-WS.org.

Church, Ian M. 2016. "The Doxastic Account of Intellectual Humility." *Logos and Episteme* 7 (4): 413~33.

Cohen, Geoffrey L. 2003. "Party over Policy: The Dominating Impact of Group Influence on Political Beliefs." *Journal of Personality and Social Psychology* 85: 808~22.

Cohen, Patricia. 2008. "Professor's Liberalism Contagious? Maybe Not," *New York Times*, November 3, 2008, https://www.nytimes.com/2008/11/03/books/03infl.html.

Crockett, Molly J. 2017. "Moral Outrage in the Digital Age." *Nature Human Behaviour* 1: 769~71.

_____. 2018. "Modern Outrage Is Making It Harder to Better Society."

*Globe and Mail*, March 2, 2018.

Dana, Jason, and George Loewenstein. 2003. "A Social Science Perspective on Gifts to Physicians from Industry." *Journal of the American Medical Association* 290: 252~55.

Darwall, Stephen L. 2006. *The Second-Person Standpoint: Morality, Respect, and Accountability*. Cambridge, MA: Harvard University Press.

————. 2013. *Honor, History, and Relationship: Essays in Second-Personal Ethics II*. Oxford: Oxford University Press.

Davidson, Donald. 2005. "The Socratic Concept of Truth." In *Truth, Language, and History*, 241~50. Oxford: Clarendon Press.

Dennett, Daniel C. 2014. "The Self as the Center of Narrative Gravity." In *Self and Consciousness: Multiple Perspectives*, edited by Frank S. Kessel, Pamela M. Cole, and Dale L. Johnson, 111~23. New York: Psychology Press.

Desan, Philippe. 2017. *Montaigne: A Life*. Translated by Steven Rendall and Lisa Neal. Princeton, NJ: Princeton University Press.

Dewey, Caitlin. 2016. "6 in 10 of You Will Share This Article without Reading It, a New Depressing Study Says." *Washington Post*, June 16, 2016.

Dewey, John. (1927) 2016. *The Public and Its Problems: An Essay in Political Inquiry*. Athens, OH: Swallow Press.

————. 1981. "Creative Democracy: The Task before Us." In *The Later Works of John Dewey*, 1925~1953, edited by J. A. Boydston, vol. 14, *1939-1941: Essays, Reviews, and Miscellany*, 224~30. Carbondale: Southern Illinois University Press, 1981.

————. 1986. *The Later Works: 1925-1953*, vol. 8. Carbondale: Southern Illinois University Press.

————. 1998. "The Problem of Truth." In *The Essential Dewey*, edited by Larry A. Hickman and Thomas M. Alexander, vol. 2, *Ethics, Logic, Psychology*, 101~30. Bloomington: Indiana University Press.

————. 2012. *Democracy and Education*. New York: Start Publishing.

Dillon, Robin S. 2003. "Kant on Arrogance and Self-Respect." In *Setting the Moral Compass: Essays by Women Philosophers*, edited by Chesire Calhoun,

191~216. Oxford: Oxford University Press.

_____. 2015. "Humility, Arrogance, and Self-Respect in Kant and Hill." In *Reason, Value, and Respect: Kantian Themes from the Philosophy of Thomas E. Hill, Jr.*, edited by Mark Timmons and Robert N. Johnson, 42~69. New York: Oxford University Press.

Dovidio, John F., and Samuel L. Gaertner. 1991. "Changes in the Expression and Assessment of Racial Prejudice." In *Opening Doors: Perspectives of Race Relations in Contemporary America*, edited by Harry J. Knopke, Robert J. Norrell, and Ronald W. Rogers, 119~48. Tuscaloosa: University of Alabama Press.

_____. 2004. "Aversive Racism." In *Advances in Experimental Social Psychology*, vol. 36, edited by Mark P. Zanna, 1~52. San Diego, CA: Academic Press.

Dunlap, Riley E., and Aaron M. McCright. 2008. "A Widening Gap: Republican and Democratic Views on Climate Change." *Environment: Science and Policy for Sustainable Development 50* (5): 26~35.

Dunning, David. 2011. "The Dunning-Kruger Effect: On Being Ignorant of One's Own Ignorance." *Advances in Experimental Social Psychology* 44: 247~96.

Dunton, Bridget C., and Russell H. Fazio. 1997. "An Individual Difference Measure of Motivation to Control Prejudiced Reactions." *Personality and Social Psychology Bulletin* 23: 316~26.

Emerson, Ralph Waldo. 2000. *The Essential Writings of Ralph Waldo Emerson*, edited by Brooks Atkinson. New York: Modern Library.

Epley, Nicholas. 2015. *Mindwise: Why We Misunderstand What Others Think, Believe, Feel and Want*. New York: Vintage Books.

Epley, Nicholas, and David Dunning. 2000. "Feeling 'Holier than Thou': Are Self- Serving Assessments Produced by Errors in Self-or Social Prediction?" *Journal of Personality and Social Psychology* 79 (6): 861~75.

Fandos, Nicholas, and Kevin Roose. 2018. "Facebook Identifies an Active Political Influence Campaign Using Fake Accounts." *New York Times*, July

13, 2018.

Farhi, Paul. 2016. "False Flag Planted at a Pizza Place?" *Washington Post*, December 5, 2016.

Fazio, Russell H., Joni R. Jackson, Bridget C. Dunton, and Carol J. Williams. 1995. "Variability in Automatic Activation as an Unobtrusive Measure of Racial Attitudes: A Bona Fide Pipeline?" *Journal of Personality and Social Psychology* 69 (6): 1013~27.

Fingerhut, Hannah. 2017. "Republicans Skeptical of Colleges' Impact on U.S., but Most See Benefits for Workforce Preparation." Pew Research Center, July 20, 2017.

Fisher, Matthew, Mariel K. Goddu, and Frank C. Keil. 2015. "Searching for Explanations: How the Internet Inflates Estimates of Internal Knowledge." *Journal of Experimental Psychology* 144 (3): 674~87.

Flanagan, Owen. 1996. *Self Expressions: Mind, Morals, and the Meaning of Life.* New York: Oxford University Press.

Frank, Thomas. 2016. *Listen, Liberal: Or, What Ever Happened to the Party of the People?* New York: Metropolitan Books.

Frankfurt, Harry. 1988. *The Importance of What We Care About.* Cambridge: Cambridge University Press.

Fraser, Nancy. 2000. "Rethinking Recognition." *New Left Review*, May – June 2000.

Fricker, Miranda. 2007. *Epistemic Injustice: Power and the Ethics of Knowing.* Oxford: Oxford University Press.

Frost-Arnold, Karen. 2018. "Who Should We Be Online? A Social Epistemology for the Internet." Unpublished manuscript.

Gabielkov, Maksym, Arthi Ramachandran, Augustin Chaintreau, and Arnaud Legout. 2016. "Social Clicks: What and Who Gets Read on Twitter?" Paper presented at the ACM SIGMETRICS/IFIP Performance 2016, Antibes Juan-les-Pins, France, June 14, 2016.

Galinsky, Adam D., and Gordon B. Moskowitz. 2000. "Perspective-Taking: Decreasing Stereotype Expression, Stereotype Accessibility, and In-Group

Favoritism." *Journal of Personality and Social Psychology* 78 (4): 708~24.

Gawande, Atul. 2010. *The Checklist Manifesto: How to Get Things Right*. New York: Metropolitan Books.

Gendler, Tamar Szabó. 2011. "On the Epistemic Costs of Implicit Bias." *Philosophical Studies* 156: 33~63.

Goldberg, Jonah. 2018. *Suicide of the West: How the Rebirth of Tribalism, Populism, Nationalism, and Identity Politics Is Destroying American Democracy*. New York: Crown Forum.

Goldberg, Sanford. 2016. *Relying on Others*. Oxford: Oxford University Press.

Goldman, Adam. 2016. "The Comet Ping Pong Gunman Answers Our Reporter's Questions." *New York Times*, December 7, 2016.

Gordon, Lewis R. 1995. *Bad Faith and Antiblack Racism*. Atlantic Highlands, NJ: Humanity Books.

_____. 2000. "Racism as a Form of Bad Faith." *APA Newsletter on Philosophy and the Black Experience* 99 (2).

_____. 2016. *Disciplinary Decadence: Living Thought in Trying Times*. London: Routledge.

Greene, Joshua. 2014. *Moral Tribes: Emotion, Reason, and the Gap between Us and Them*. New York: Penguin Group.

Greenwald, Anthony G., Debbie E. McGhee, and Jordan L. K. Schwartz. 1998. "Measuring Individual Differences in Implicit Cognition: The Implicit Association Test." *Journal of Personality and Social Psychology* 74 (6): 1464~80.

Grim, Ryan. 2016. "Nate Silver Is Unskewing Polls—All of Them—in Trump's Direction." HuffPost, November 5, 2016. https://www.huffingtonpost.com/entry/nate-silver-election-forecast_us_581e1c33e4b0d9ce6fbc6f7f.

Gunn, Hanna Kiri, and Michael P. Lynch. 2019. "Googling." In *The Routledge Handbook of Applied Epistemology*, edited by David Coady and James Chase, 41~53. New York: Routledge.

Harding, Sandra. 1991. *Whose Science? Whose Knowledge?: Thinking from Women's Lives*. Ithaca, NY: Cornell University Press.

_____. 1993. "Rethinking Standpoint Epistemology: What Is 'Strong Objectivity'?" In *Feminist Epistemologies*, edited by Linda Alcoff and Elizabeth Potter, 49~82. Thinking Gender. New York: Routledge.

Haslanger, Sally. 2014. *Resisting Reality: Social Construction and Social Critique.* New York: Oxford University Press.

Hazlett, Allan. 2012. "Higher-Order Epistemic Attitudes and Intellectual Humility." *Episteme* 9 (3): 205~23.

Heath, Chip. 1999. "On the Social Psychology of Agency Relationships: Lay Theories of Motivation Overemphasize Extrinsic Incentives." *Organizational Behavior and Human Decision Processes* 78: 25~62.

Hendricks, Robert. 2010. *Lao-tzu: Te-tao ching: A New Translation Based on the Recently Discovered Ma-wang tui Texts* (New York: Ballantine Books).

Hochschild, Arlie Russell. 2018. *Strangers in Their Own Land: Anger and Mourning on the American Right.* New York: New Press.

Hume, David. (1888) 1978. *A Treatise of Human Nature.* Edited by P. H. Nidditch. Oxford: Oxford University Press.

_____. 1999. *An Enquiry concerning Human Understanding.* Oxford: Oxford University Press.

Jaschik, Scott. 2016. "Professors, Politics, and New England." *Inside Higher Ed*, July 5, 2016.

_____. 2017. "Professors, Politics: What the Research Says." *Inside Higher Ed*, February 27, 2017.

Johnson, Casey Rebecca. 2017. "Intellectual Humility and Empathy by Analogy." *Topoi*, 2017, 1~8.

Jost, John. 2015. "Resistance to Change: A Social Psychological Perspective." *Social Research* 81 (3): 607~36.

Kahan, Dan M. 2013. "Ideology, Motivated Reasoning, and Cognitive Reflection: An Experimental Study." *Judgment and Decision Making* 8 (4): 407~24.

Kahan, Dan M., Donald Braman, John Gastil, Paul Slovic, and C. K. Mertz. 2007. "Culture and Identity-Protective Cognition: Explaining the White-

Male Effect in Risk Perception." *Journal of Empirical Legal Studies* 4 (3): 465~505.

Kahan, Dan M., Ellen Peters, Maggie Wittlin, Paul Slovic, Lisa Larrimore Ouellette, Donald Braman, and Gregory N. Mandel. 2012. "The Polarizing Impact of Science Literacy and Numeracy on Perceived Climate Change Risks." *Nature Climate Change* 2 (10): 732~35.

Kahneman, Daniel. 2011. *Thinking, Fast and Slow*. New York: Farrar, Straus and Giroux.

Keil, Frank C., Courtney Stein, Lisa Webb, Van Dyke Billings, and Leonid Rozenblit. 2008. "Discerning the Division of Cognitive Labor: An Emerging Understanding of How Knowledge Is Clustered in Other Minds." *Cognitive Science* 32 (2): 259~300.

Kidd, Ian James. 2016. "Intellectual Humility, Confidence, and Argumentation." *Topoi* 35 (2): 395~402.

───────. 2018. "Epistemic Corruption and Education." *Episteme*, March 21, 2018, 1‒ 16. https://doi .org/10 .1017/epi.2018.3.

Kitcher, Philip. 1990. "The Division of Cognitive Labor." *Journal of Philosophy* 87 (1): 5~22.

Kornblith, Hilary. 2012. *On Reflection*. Oxford: Oxford University Press.

Leary, M. R., K. J. Diebels, E. K. Davisson, K. P. Jongman‒Sereno, J. C. Isherwood, K. T. Raimi, S. A. Deffler, and R. H. Hoyle. 2017. "Cognitive and Interpersonal Features of Intellectual Humility." *Personality and Social Psychology Bulletin* 43 (6): 793~813.

Leibniz, Gottfried Wilhelm. 1996. *New Essays on Human Understanding*. Abridged ed. Translated and edited by Peter Remnant and Jonathan Bennett. Cambridge: Cambridge University Press.

Leslie, Sarah‒Jane. 2017. "The Original Sin of Cognition: Fear, Prejudice, and Generalization." *Journal of Philosophy* 118 (8): 393~421.

Lilla, Mark. 2017. *The Once and Future Liberal: After Identity Politics*. New York: HarperCollins.

Lippmann, Walter. 1955. *The Public Philosophy*. New York: Mentor.

Lukianoff, Greg, and Jonathan Haidt. 2018. *The Coddling of the American Mind: How Good Intention and Bad Ideas Are Setting Up a Generation for Failure*. New York: Penguin.

Lynch, Michael P. 1998. *Truth in Context*. Cambridge, MA: MIT Press.

_____. 2009. *Truth as One and Many*. Oxford: Oxford University Press.

_____. 2012a. "Democracy as a Space of Reasons." In *Truth and Democracy*, edited by Jeremy Norris and Andrew Elkins, 114~29. Philadelphia: University of Pennsylvania Press.

_____. 2012b. *In Praise of Reason: Why Rationality Matters for Democracy*. Cambridge, MA: MIT Press.

_____. 2016. *The Internet of Us: Knowing More and Understanding Less in the Age of Big Data*. New York: Liveright Press.

_____. 2018. "Academic Freedom and the Politics of Truth." In *Academic Freedom*, edited by J. Lackey, 23~35. Engaging Philosophy. Oxford: Oxford University Press.

MacIntyre, Alasdair. 1984. *After Virtue: A Study in Moral Theory*. 2nd ed. Notre Dame, IN: University of Notre Dame Press.

Manne, Kate. 2018. *Down Girl: The Logic of Misogyny*. New York: Oxford University Press.

McCright, Aaron M., and Riley E. Dunlap. 2011. "The Politicization of Climate Change and Polarization in the American Public's Views of Global Warming, 2001~2010." *Sociological Quarterly* 52 (2): 155~94.

McIntyre, Lee. *The Scientific Attitude: Defending Science from Denial, Fraud, and Pseudoscience*. Cambridge, MA: MIT Press, 2019.

Meagher, Benjamin R., Joseph C. Leman, Joshua P. Bias, Shawn J. Latendresse, and Wade C. Rowatt. 2015. "Contrasting Self-Report and Consensus Ratings of Intellectual Humility and Arrogance." *Journal of Research in Personality* 58: 35~45.

Meckler, Laura. 2018. "How Speaker Paul Ryan Warns against Identity Politics." *Wall Street Journal*, April 15, 2018.

Medina, José. 2012. *The Epistemology of Resistance: Gender and Racial*

*Oppression, Epistemic Injustice, and the Social Imagination*. New York: Oxford University Press.

Menand, Louis. 2001~2. "Morton, Agassiz, and the Origins of Scientific Racism in the United States." *Journal of Blacks in Higher Education*, no. 34 (Winter 2001~2): 110~13.

Miller, Dale T., and Rebecca K. Ratner. 1998. "The Disparity between the Actual and Assumed Power of Self- Interest." *Journal of Personality and Social Psychology* 74 (1): 53~62.

Millikan, Ruth G. 2017. *Beyond Concepts: Unicepts, Language, and Natural Information*. Oxford: Oxford University Press.

Mills, Charles W. 1997. *The Racial Contract*. Ithaca, NY: Cornell University Press.

Montaigne, Michel de. 2003. *The Complete Essays*. Translated and edited by M. A. Screech. London: Penguin.

Mutz, Diana C. 2018. "Status Threat, Not Economic Hardship, Explains the 2016 Presidential Vote." *Proceedings of the National Academy of Sciences of the USA* 115 (19): E4330~39. https://doi.org/10.1073/pnas.1718155115.

Nietzsche, Friedrich. 2005. *Nietzsche: The Anti- Christ, Ecce Homo, Twilight of the Idols, and Other Writings*. Edited by Aaron Ridley and Judith Norman. Cambridge: Cambridge University Press.

Nordell, Jessica. 2017. "Is This How Discrimination Ends?" *Atlantic*, May 7, 2017.

Oakeshott, Michael. 1991. *Rationalism in Politics and Other Essays*. Indianapolis, IN: Liberty Fund.

Paul, L. A. 2014. *Transformative Experience*. Oxford: Oxford University Press.

Payne, B. Keith. 2001. "Prejudice and Perception: The Role of Automatic and Controlled Processes in Misperceiving a Weapon." *Journal of Personality and Social Psychology* 81 (2): 181~92.

Pew Research Center. 2009. "Public Praises Science; Scientists Fault Public, Media." July 9, 2009. http://www.people-press.org/2009/07/09/public-praises-science-scientists-fault-public-media.

_____. 2016. "Partisan and Political Animosity in 2016." June 22, 2016. http://www.people – press.org/2016/06/22/partisanship -and-political-animosity-in-2016.

_____. 2017. "The Partisan Divide on Political Values Grows Even Wider." October 5, 2017. http://www.people – press.org/2017/10/05/the-partisan-divide-on-political-values-grows-even – wider.

Pianalto, Matthew. 2011. "Moral Conviction." *Journal of Applied Philosophy* 28 (4): 381~95.

Pitkin, Hanna Fenichel. 1972. *Wittgenstein and Justice*. Berkeley: University of California Press.

Plato. 1928a. *Apology*, in *The Works of Plato*. Translated by B. Jowett. Edited by I. Edman. New York: Modern Library/Simon and Schuster. p. 486.

_____. 1928b. *Theaetetus*, in *The Works of Plato*. Translated by B. Jowett. Edited by I. Edman. New York: Modern Library/Simon and Schuster. p. 486.

_____. 1992. *The Republic*. Translated by G. M. A. Grube and C. D. C. Reeve. Indianapolis, IN: Hackett.

Pohlhaus, Gaile, Jr. 2012. "Relational Knowing and Epistemic Injustice: Toward a Theory of *Willful Hermeneutical Ignorance*." *Hypatia* 27 (4): 715~35.

Pronin, Emily, Jonah A. Berger, and Sarah Molouki. 2007. "Alone in a Crowd of Sheep: Asymmetric Perceptions of Conformity and Their Roots in an Introspection Illusion." *Journal of Personality and Social Psychology* 92 (4): 585~95.

Rawls, John. 1996. *Political Liberalism*. New York: Columbia University Press.

Reeve, Elspeth. 2017. "Congressman Suggests Charlottesville Was George Soros-Backed Conspiracy." *Vice News*, October 5, 2017.

Reilly, Katie. 2016. "Read Hillary Clinton's 'Basket of Deplorables' Remarks about Donald Trump Supporters." Time, September 10, 2016. http://time.com/4486502/hillary – clinton-basket-of-deplorables-transcript.

Rensin, Emmett. 2016. "The Smug Style in American Liberalism." *Vox*, April

21, 2016.

Ricks, Thomas E. 2006. *Fiasco: The American Military Adventure in Iraq*. New York: Penguin.

Ridge, Michael. 2014. *Impassioned Belief*. Oxford: Oxford University Press.

Rini, Regina. 2017. "Fake News and Partisan Epistemology." *Kennedy nstitute of Ethics Journal* 27: 43~4.

Robinson, Robert J., Dacher Keltner, Andrew Ward, and Lee Ross. 995. "Actual versus Assumed Differences in Construal: 'Naive Realism' n Intergroup Perception and Conflict." *Journal of Personality and Social Psychology 68* (3): 404~17.

Rorty, Richard. 1979. *Philosophy and the Mirror of Nature*. Princeton, NJ: Princeton University Press.

―――――――. 2000. "Universality and Truth." In Rorty and His Critics, edited by Robert B. Brandom, 1~30. Cambridge: Blackwell.

Rozenblit, Leonid, and Frank Keil. 2002. "The Misunderstood Limits of Folk Science: An Illiusion of Explanatory Depth." *Cognitive Science* 26: 521~62.

Russell, Bertrand. *Sceptical Essays*. London: George Allen & Unwin, 1935.

Saslow, Eli. 2016. "The White Flight of Derek Black." *Washington Post*, October 15, 2016.

Schmitt, Carl. 2008. *The Concept of the Political*. Expanded ed. Translated and edited by G. Schwab. Chicago: University of Chicago Press.

Schroeder, Mark. 2008. *Being For*. Oxford: Oxford University Press.

Sharockman, Aaron. 2017. "Infowars' Alex Jones Falsely Says George Soros, Hillary Clinton Instigated Charlottesville Violence." *Politifact*, August 14, 2017.

Skitka, Linda J., Christopher W. Bauman, and Edward G. Sargis. 2005. "Moral Conviction: Another Contributor to Attitude Strength or Something More?" *Journal of Personality and Social Psychology* 88(6): 895~917.

Sloman, Steven, and Philip Fernbach. 2017. *The Knowledge Illusion: Why We Never Think Alone*. New York: Riverhead Books.

Smith, Mychal Denzel. 2017. "What Liberals Get Wrong about Identity

Politics." *New Republic*, September 11, 2017.

Snyder, Timothy. 2015. *Black Earth: The Holocaust as History and Warning*. New York: Tim Duggan Books.

Spiegel, James S. 2012. "Open-Mindedness and Intellectual Humility." *School Field* 10 (1): 27~38.

Stanley, Jason. 2015. *How Propoganda Works*. Princeton, NJ: Princeton University Press.

_____. 2018. *How Fascism Works: The Politics of Us and Them*. New York: Random House.

Strang, Stephen E. 2017. *God and Donald Trump*. Lake Mary, FL: Charisma House Book Group.

Talisse, Robert B. 2009. *Democracy and Moral Conflict*. New York: Cambridge University Press.

_____. Forthcoming. *Overdoing Democracy: Why We Must Put Politics in Its Place*. Oxford: Oxford University Press.

Tanesini, Alessandra, ed. 1999. *An Introduction to Feminist Epistemologies*. Malden, MA: Blackwell.

_____. 2016a. " 'Calm Down, Dear': Intellectual Arrogance, Silencing and Ignorance." *Aristotelian Society Supplementary Volume* 90 (1): 71~92.

_____. 2016b. "Intellectual Humility as an Attitude." *Philosophy and Phenomenological Research* 96 (2): 399~420.

Taylor, Charles. 1994. M*ulticulturalism: Examining the Politics of Recognition*. Edited by Amy Gutmann. Princeton, NJ: Princeton University Press.

Uhlmann, Eric Luis, and Geoffrey L. Cohen. 2007. " 'I Think It, Therefore It's True': Effects of Self-Perceived Objectivity on Hiring Discrimination." *Organizational Behavior and Human Decision Process* 104: 207~23.

Vivian, James E., and Norman H. Berkowitz. 1992. "Anticipated Bias from an Outgroup: An Attributional Analysis." *European Journal of Social Psychology* 22: 415~24.

Walzer, Michael. 2006. *Politics and Passion: Toward a More Egalitarian Liberalism*. New Haven, CT: Yale University Press.

Whitcomb, Dennis, Heather Battaly, Jason Baher, and Daniel Howard-Snyder. 2015. "Intellectual Humility: Owning Our Limitations." *Philosophy and Phenomenological Research* 91 (1).

Williams, Bernard. 1985. *Ethics and the Limits of Philosophy*. Cambridge, MA: Harvard University Press.

Wittgenstein, Ludwig. 1969. *On Certainty*. Oxford: Basil Blackwell, 1969.

# 찾아보기

우리는 맞고 너희는 틀렸다
똑똑한 사람들은
왜 민주주의에 해로운가

마이클 린치 지음
성원 옮김

초판 1쇄 2020년 06월 24일 발행
초판 2쇄 2020년 07월 29일 발행

ISBN 979-11-5706-200-3 (03100)

만든사람들

| | |
|---|---|
| 기획편집 | 신원제 |
| 편집도움 | 우하경 |
| 표지디자인 | this-cover |
| 본문디자인 | 곽은선 |
| 마케팅 | 김성현 김규리 |
| 홍보 | 고광일 최재희 |
| 인쇄 | 한영문화사 |

| | |
|---|---|
| 펴낸이 | 김현종 |
| 펴낸곳 | (주)메디치미디어 |
| 경영지원 | 전선정 김유라 |
| 등록일 | 2008년 8월 20일 |
| | 제300-2008-76호 |
| 주소 | 서울시 종로구 사직로 9길 22 2층 |
| 전화 | 02-735-3308 |
| 팩스 | 02-735-3309 |
| 이메일 | medici@medicimedia.co.kr |
| 페이스북 | facebook.com/medicimedia |
| 인스타그램 | @medicimedia |
| 홈페이지 | www.medicimedia.co.kr |

이 도서의 국립중앙도서관 출판예정도서목록(CIP)은
서지정보유통지원시스템 홈페이지(http://seoji.nl.go.kr)와
국가자료종합목록시스템(http://www.nl.go.kr/kolisnet)에서
이용하실 수 있습니다. (CIP제어번호: CIP2020023849)